**FREDERICK HOYOS
JORGE GÓMEZ
VELSSY HERNÁNDEZ**

IMPLEMENTACIÓN DE SDN MEDIANTE EL CONTROLADOR FLOODLIGHT

FREDERICK HOYOS
JORGE GÓMEZ
VELSSY HERNÁNDEZ

IMPLEMENTACIÓN DE SDN MEDIANTE EL CONTROLADOR FLOODLIGHT

Configurando redes con Floodlight

Editorial Académica Española

Imprint
Any brand names and product names mentioned in this book are subject to trademark, brand or patent protection and are trademarks or registered trademarks of their respective holders. The use of brand names, product names, common names, trade names, product descriptions etc. even without a particular marking in this work is in no way to be construed to mean that such names may be regarded as unrestricted in respect of trademark and brand protection legislation and could thus be used by anyone.

Cover image: www.ingimage.com

Publisher:
Editorial Académica Española
is a trademark of
Dodo Books Indian Ocean Ltd. and OmniScriptum S.R.L publishing group

120 High Road, East Finchley, London, N2 9ED, United Kingdom
Str. Armeneasca 28/1, office 1, Chisinau MD-2012, Republic of Moldova, Europe
Printed at: see last page
ISBN: 978-613-9-40481-0

SOBRE LOS AUTORES:

FREDERICK HOYOS FRANCO
Es ingeniero de sistemas, egresado de la universidad de Córdoba. Programador Full stack. Conocimientos en SQL, MySQL, PostgreSQL, VSCode, Microsoft SQL Server – Intermedio. Lenguajes de Programación: Java (Básico), Matlab, Python (Intermedio) ReactJS (Básico).

JORGE GÓMEZ GÓMEZ
Ingeniero de Sistemas de profesión egresado de la Fundación Universitaria San Martín, Magíster en Ingeniería Telemática de la Universidad del Cauca, Doctorado en Tecnologías de la Información y las Comunicaciones de la Universidad de Granada España, profesor de tiempo completo de la carrera de Ingeniería de Sistemas de la Universidad de Córdoba. Director del grupo de investigación SÓCRATES de la carrera de Ingeniería de Sistemas de la Universidad de Córdoba, Editor jefe de la revista Ingeniería e Innovación de la Universidad de Córdoba. Miembro y fundador de la rama estudiantil IEEE de la Universidad de Córdoba. He publicado numerosos artículos en el área de Internet de las Cosas, Context Awareness, e-learning, redes de telecomunicaciones, en diferentes revistas indexadas en los índices JCR y SCOPUS. He desarrollado proyectos de investigación relacionados con seguridad ciudadana, ciudades inteligentes, Internet de las cosas para temas de salud, entre otros. Soy el coordinador del grupo de investigación en Computación Pervasiva de la carrera de Ingeniería de Sistemas de la Universidad de Córdoba. En este grupo de investigación desarrollamos actividades de investigación orientadas a sistemas inteligentes basados en tecnologías como RFID, NFC, QRCODE, sistemas de geolocalización, sistemas ubicuos y omnipresentes. También en este semillero los estudiantes proponen soluciones en los temas antes mencionados; los miembros participan activamente dentro y fuera de la universidad en actividades de investigación. Como resultado, muchos miembros han ganado premios regionales y nacionales. Además, he participado como jurado evaluador de revistas indexadas, tesis de maestría y doctorado. También soy editor invitado de la revista Computational and Mathematical Methods in Medicine-Hindawi. He sido profesor invitado de la Corporación Universitaria de la Costa, en el doctorado de Tecnologías de la Información y las Comunicaciones, en la materia Representación semántica de la información en entornos ubicuos. He sido profesor de la Universidad Cooperativa de Colombia en Montería del 2008 al 2015, donde impartí cursos de inteligencia artificial, bases de datos y redes de telecomunicaciones. De igual forma fui docente de la Universidad del Sinú en los años 2008 al 2015, donde también fui director del grupo de investigación GNOCIX de la carrera de Ingeniería de Sistemas. He sido conferencista en eventos nacionales e internacionales. A nivel internacional fui

invitado por la Universidad Técnica Estatal de Quevedo Ecuador a impartir un seminario sobre Internet de las Cosas en el año 2014. En el año 2016 fui invitado por la Universidad de Babahoyo Ecuador a impartir un seminario taller sobre Sistemas Ubicuos. He participado en convocatorias internas de investigación de la Universidad de Córdoba, así como en convocatorias externas como Minciencias. Finalmente puedo decir que con la experiencia que he tenido a lo largo de los años como profesional, he contribuido a generar nuevos conocimientos, esto se ha reflejado en los artículos que he publicado, los trabajos de posgrado que he dirigido, los cursos que he impartido y la apropiación del conocimiento a la comunidad educativa. Dentro de la Rama IEEE de la Universidad de Córdoba, he impulsado la investigación y la proyección social del conocimiento a entornos sociales que lo han requerido.

Velssy Hernández Riaño:
Es Ingeniera de Sistemas y tiene una Maestría en Ingeniería Telemática de la Universidad Francisco José de Caldas, Colombia. Es Profesora e Investigadora del grupo de investigación SOCRATES del Departamento de Ingeniería de Sistemas de la Universidad de Córdoba.

Contenido

INDICE DE FIGURAS

CAPÍTULO 1

FUNDAMENTACIÓNDUCCIÓN TEÓRICA.

Las redes tradicionales, es la antigua forma convencional que se usaba para hacer conexiones de redes. Estas dependen de dispositivos de red específicos como enrutadores y conmutadores para realizar dichas tareas de red, con el fin de controlar el tráfico de estas mismas redes; con la modernización, el auge de las empresas tecnológicas y el escalamiento de estas empresas ha creado una preocupación respecto al tema de seguir usando este tipo de redes, debido a que el rendimiento no es el apropiado mientras crecen, esto se debe a que el mayor problema de estas redes es su difícil administración.

En estas redes, todos los dispositivos se controlan a sí mismo, por lo cual hacer cualquier tipo de cambio con el fin de actualizar, mejorar o arreglar, conlleva una gran inversión de tiempo, ya que se debe configurar manualmente cada uno de los dispositivos, esto hace que la complejidad y el error se aumente.

El paradigma de redes definidas por software (SDN, por sus siglas en inglés) ha emergido en los últimos años como una nueva arquitectura de red que permite gestionar de manera flexible redes de gran escala y alta complejidad. Como señalan (Jiang et al., 2022) "SDN es un enfoque novedoso para diseñar, construir y manejar redes que desacopla el plano de control y el plano de reenvío".

La idea central detrás de SDN es separar el plano de control de red (control plane) del plano de reenvío (data plane). Tal como explican (Jiang et al., 2022), "La premisa de SDN es simple: desacoplar el plano de reenvío del plano de control de manera que el reenvío de paquetes (data plane) pueda ser gestionado de forma independiente desde un controlador SDN centralizado". Esta separación permite que "la inteligencia" de la red se concentre en el controlador SDN, el cual tiene una visión centralizada de toda la red. Los dispositivos de reenvío se vuelven más simples, centrándose sólo en remitir paquetes según las reglas impuestas por el controlador central.

Uno de los elementos clave que posibilita esta arquitectura es que "los dispositivos de la red son programables a través de interfaces bien definidas entre el plano de control y el plano de reenvío" (Alotaibi et al., 2022). Es decir, el controlador SDN puede programar el comportamiento de los switches y routers de la red de manera flexible.

Es por eso por lo que de esta manera SDN busca brindar a los administradores herramientas centralizadas para programar, virtualizar y supervisar en tiempo real, permitiendo la adaptabilidad de las redes. La promesa incluye acelerar la evolución de los data centers hacia una generación más avanzada con mayor escalabilidad, automatización y simplificación de tareas. En SDN, el procesamiento de paquetes no depende de configuraciones estáticas, sino que se basa en una estructura dinámica a través de una capa de software, desvinculando de la infraestructura física.

SDN promete hacer las redes más ágiles y fáciles de administrar al centralizar el control, desacoplar el plano de reenvío del de control, y hacer los dispositivos de red programables. Esta arquitectura emergente está ganando adopción en centros de datos, proveedores de servicios y empresas.

Definición SDN.

Las SDN, han tenido un enfoque revolucionario en el diseño y gestión de redes de computadoras, que han permitido que se pueda englobar en varios puntos:

Primero. Representación de Característica de Entrada.

En la representación de características de entrada, un controlador centralizado, como el componente clave, interactúa con dispositivos de red distribuidos y aplicaciones. Todas estas entradas son la topología de la red o el estado de los dispositivos, las cuales son representadas de manera estructurada con el fin de permitir un control dinámico y centralizado del mismo (Jimenez et al., 2021).

Segundo. Función de Clasificación.

Esta función de clasificación en SDN se logra a través de un controlador central que calcula y gestiona todas las decisiones de una red. Este controlador a menudo se basa en estándares como OpenFlow, que permite la toma de decisiones dinámicas y centralizadas para funciones como enrutamiento, asignación de recursos y manejo de políticas (Wazirali et al., 2021).

Tercero. Función Objetiva para el Aprendizaje.

Las SDN, buscan optimizar el rendimiento y la utilización de los recursos de red, esto con el fin de reducir la dependencia de la configuración manual o la intervención constante de mano de obra humana, lo que permite una adaptación rápida a cambios en la demanda de tráfico o en la topología de la red (Pei et al., 2020).

Cuarto. Algoritmo para Optimizar la función Objetivo.

Las SDN implementan distintos tipos de algoritmos y protocolos, uno de los que hemos mencionado anteriormente es OpenFlow, que busca optimizar la función objetivo. Estos algoritmos permiten una comunicación entre el controlador SDN y los dispositivos de red, lo que facilita la toma de decisiones de manera centralizada y dinámica (Das y Gurusamy, 2021)).

Quinto. Fases de SDN.

Las SDN se dividen en múltiples fases, cada una de ellas tiene su propio objetivo y medio de adaptación, lo cual es esencial para mantener un rendimiento óptimo en entornos cambiantes.

Sexto. Aplicaciones Prácticas.

Estas son diversas en las SDN, debido a que implican desde la gestión eficiente de recursos y la implementación rápida de servicios hasta la adaptabilidad a cambios en la red.

Séptimo. Aspectos de Pruebas y Evaluación.

Esta implica medir métricas como la latencia, la utilización de ancho de banda y la eficiencia en el uso de los recursos. Estas pruebas garantizan que el SDN cumpla con los objetivos de mejora en la red y se adapte de manera efectiva a diferentes escenarios.

Arquitectura de Red.

La arquitectura de una red de datos convencional se fundamenta en la distinción entre dos componentes lógicos esenciales: el plano de infraestructura, el plano de datos y el plano de control. Estos elementos trabajan de manera conjunta para asegurar la conectividad y el flujo efectivo de datos dentro de la red, desempeñando roles específicos que son cruciales para su funcionamiento eficiente y gestión óptima.

Plano de Infraestructura.

Este plano consiste en los dispositivos físicos de red, como routers, switches y otros equipos de red. Estos dispositivos forman la infraestructura sobre la cual se implementa SDN. En el contexto de la arquitectura SDN, el plano de infraestructura es responsable de transmitir los paquetes de datos según las instrucciones proporcionadas por el plano de control.

Plano de Datos.

El plano de datos es responsable de la transferencia de paquetes de datos a través de la red. Este componente se compone de dispositivos intermedios como routers, switches y otros elementos de red, todos estos datos son generados por los usuarios y demás encabezado agregados por las capas del modelo OSI que transitan en una red determinada.

Su función principal es enrutar y reenviar los paquetes de datos de manera eficiente desde su origen hasta su destino, siguiendo las reglas de enrutamiento definidas previamente. En el plano de datos, los dispositivos intermedios operan de manera autónoma y sin intervención externa para asegurar la conectividad y el flujo de datos en la red.

Plano de Control.

El plano de control es el cerebro de la red, encargado de gestionar y coordinar las operaciones de los dispositivos intermedios en el plano de datos. En contraste con el plano de datos, el plano de control centraliza la inteligencia de la red en un componente conocido como controlador. El controlador es responsable de tomar decisiones sobre el enrutamiento y la gestión del tráfico en la red, así como de adaptarse dinámicamente a los cambios en las condiciones de la red. Utilizando protocolos de comunicación como OpenFlow, el controlador interactúa con los dispositivos intermedios para programar su comportamiento y asegurar un funcionamiento coherente de la red.

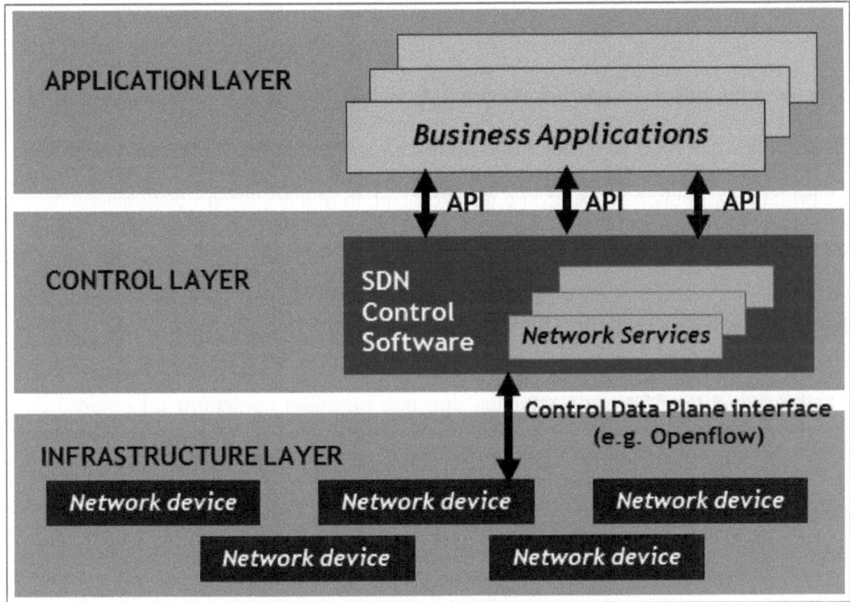

Figura 1. *Arquitectura SDN tomado de*
(https://www.sdxcentral.com/networking/sdn/definitions/what-the-definition-of-
software-defined-networking-sdn/)

En la figura 1 se presenta de manera lógica el funcionamiento de la arquitectura

SDN. Se puede observar cómo esta centralizada la red en los controladores SDN

basados en software. Esta centralización permite a empresas y proveedores de

servicios de comunicaciones ganar independencia y control sobre toda su

infraestructura de red desde un único punto lógico, lo que conlleva a una

simplificación significativa en el diseño y la operación de la red.

El enfoque centralizado de SDN también tiene un impacto importante en la

simplificación de los dispositivos de red. A diferencia de los dispositivos en

arquitecturas de red convencionales, que a menudo están cargados con la tarea de procesar numerosos protocolos estándares, los dispositivos en una red SDN simplemente deben aceptar instrucciones provenientes de los controladores SDN. Esto les permite enfocarse en tareas de reenvío de paquetes sin la carga adicional de procesar y gestionar protocolos de alto nivel, lo que resulta en dispositivos más eficientes y simplificados.

Herramientas de emulación SDN.

Las herramientas SDN, son aquellas que nos permiten configurar un entorno de simulación o emulación de redes dentro de un mismo sistema, el cual nos facilita plantear un escenario de red usando "Topologías" y "Flujos de Tráfico", todo esto administrado desde un solo equipo gracias a estas herramientas, también permiten su modificación o cambios sin necesidad de detener los servicios, lo cual es útil para comprobar cómo afectan estos cambios a dicho sistema.

Dentro de las herramientas SDN, tenemos las siguientes:

1. Mininet: Permite la creación de topologías de red personalizadas y la emulación de redes SDN.
2. GNS3: Incorpora soporte para SDN, además es versátil para la simulación de redes.
3. Cisco Packet Tracer: Una de las más conocidas dentro del ámbito SDN, proporcionando una plataforma para la simulación y experimentación.
4. NS-3: Proporciona un entorno flexible y extensible para estudiar el comportamiento de las redes.

5. Colibri: Permite realizar estudios sobre las distintas herramientas para la emulación y simulación de la arquitectura.

6. Open Network Emulator: Ofrece una plataforma que permite la creación de redes virtuales complejas y es compatible con la emulación SDN.

7. CORE: Permite la construcción de topologías complejas.

8. EstiNet: Se centra en la emulación precisa de comportamientos de red, además de proporcionar una plataforma que permite probar y validar aplicaciones y controladores SDN.

9. OMNeT++: Proporciona una plataforma para desarrollar y probar algoritmos y protocolos de red.

Varias de estas herramientas son un tanto conocidas, mientras que otras no o se tiene muy poca información de su funcionamiento, pero fueron agregadas para tener conocimientos de ellas.

Protocolo OpenFlow.

El protocolo OpenFlow es fundamental en el contexto de las redes definidas por software (SDN), permitiendo una gestión centralizada y programable de la red. Desarrollado originalmente para operar sobre switches Ethernet, se ha convertido en un estándar abierto de comunicación entre un controlador SDN y los dispositivos de conmutación.

El estándar OpenFlow fue concebido en la Universidad de Stanford como respuesta a la creciente necesidad de innovación en las redes, que se habían vuelto una infraestructura crítica. Se observó que la innovación en la red estaba cada vez más obstaculizada, lo que llevó a la propuesta de la virtualización de la red, dividiéndola en una parte de producción y una experimental. En esta dirección se encaminó el proyecto de OpenFlow, que sigue en desarrollo.

El protocolo OpenFlow se fundamenta en tres pilares fundamentales:

- **Programabilidad:** Facilita a los administradores la gestión de las redes al permitir su programación según las necesidades específicas.
- **Inteligencia centralizada:** Permite mejores rendimientos basados en políticas de gestión distribuidas y un suministro simple al centralizar la inteligencia de la red.
- **Abstracción:** Se evidencia en la separación del software y hardware, lo que resulta en el desacoplamiento del plano de control y plano de datos.

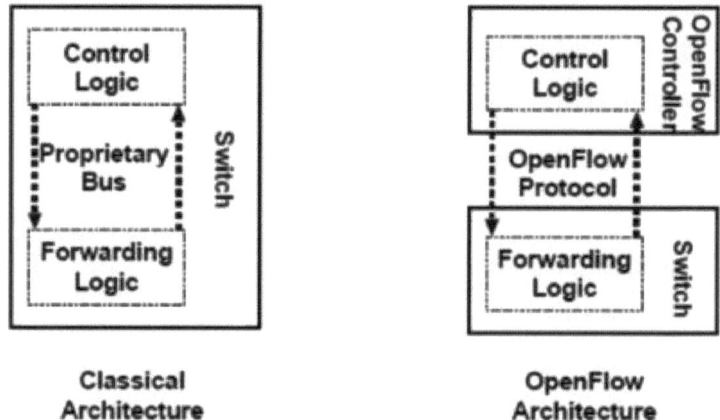

Figura 2. Arquitectura OpenFlow tomado de (Wazirali et al., 2021)

En un router o switch clásico, la gestión del tráfico (plano de datos) y las decisiones de enrutamiento de alto nivel (plano de control) se producen en el mismo dispositivo. Por el contrario, un Open vSwitch o Switch OpenFlow separa estas dos funciones. Las tareas del plano de datos residen en el switch, mientras que las decisiones de enrutamiento de alto nivel se mueven a un controlador aislado, generalmente un servidor estándar. La comunicación entre el Open vSwitch y el controlador se realiza a través del protocolo OpenFlow.

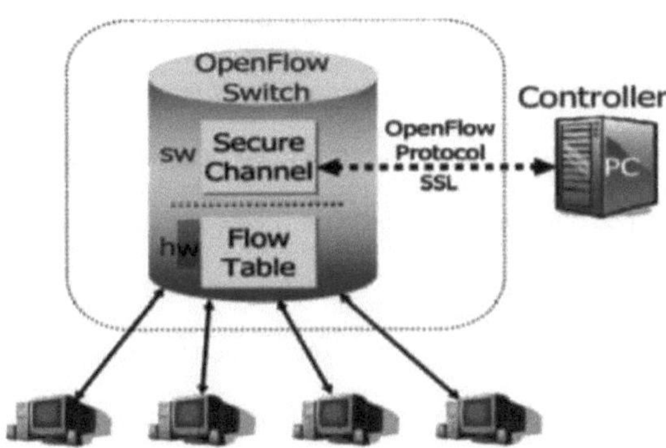

Figura 3. Arquitectura OpenvSwitch tomado de
(https://openzen.wordpress.com/2015/02/23/protocolo-openflow/)

El Open vSwitch presenta una abstracción de la tabla de flujo limpia, donde cada entrada contiene un conjunto de campos de paquetes según la topología y una acción correspondiente. Cuando un switch OpenFlow recibe un paquete para el que no tiene entradas de flujo coincidentes, lo envía al controlador para que tome una decisión sobre su manejo. Esto permite una arquitectura SDN granular y receptiva a cambios en tiempo real de las aplicaciones o usuarios.

OpenFlow se está implementando como una característica en switches Ethernet, routers y puntos de acceso inalámbricos comerciales, lo que proporciona un estándar para permitir experimentos de investigación sin necesidad de exponer el funcionamiento interno de los dispositivos de red. Los principales proveedores de dispositivos de red están habilitando este protocolo en los switches disponibles en el mercado.

La implementación de OpenFlow como una característica en dispositivos de red comerciales ha permitido que los investigadores realicen experimentos y pruebas sin depender de los vendedores para acceder al funcionamiento interno de los dispositivos de red. Esto ha facilitado la innovación y el desarrollo en el campo de las redes, al tiempo que ha fomentado la colaboración y el intercambio de conocimientos en la comunidad científica y de ingeniería de redes.

La adopción de OpenFlow por parte de los principales proveedores de dispositivos de red indica un cambio significativo en el paradigma de diseño y gestión de redes. Al habilitar OpenFlow en los switches disponibles en el mercado, estos proveedores están brindando a los usuarios la capacidad de implementar y gestionar redes de manera más flexible y eficiente, adaptándose mejor a las necesidades cambiantes de las aplicaciones y los usuarios.

Mininet

Mininet es un emulador que permite crear redes de máquinas virtuales, switches, controladores y enlaces, implementados en un dispositivo físico que ejecuta el kernel estándar de Linux. Destaca por su capacidad para simular enrutamiento personalizado altamente flexible y otras peculiaridades de las redes definidas por software (SDN), gracias a su soporte de OpenFlow en los switches.

Además de su utilidad en investigación, desarrollo, aprendizaje y prototipado, Mininet proporciona un entorno económico y eficiente para realizar pruebas, depuración y otras tareas relacionadas con redes. Su interfaz de línea de comandos (CLI) simplifica la configuración y el control de la red, lo que facilita el trabajo de múltiples desarrolladores sobre la misma topología.

La flexibilidad de Mininet se extiende a la capacidad de crear topologías complejas sin la necesidad de hardware físico, así como a su API de Python que permite la creación y experimentación con redes personalizadas. Esta versatilidad hace que Mininet sea una herramienta valiosa tanto para la validación de diseños como para la evaluación del rendimiento de sistemas SDN.

Es importante tener en cuenta las limitaciones de Mininet, como la restricción del ancho de banda y la capacidad de procesamiento del servidor asignado, así como la dependencia de aplicaciones compatibles con Linux. Sin embargo, su capacidad para ejecutar código real en las redes emuladas facilita la transición de los diseños desarrollados en Mininet a entornos de producción con cambios mínimos.

Además de proporcionar un entorno virtual y un banco de pruebas para SDN, Mininet permite la colaboración de múltiples desarrolladores en la misma topología y ofrece una visión detallada del comportamiento del sistema mediante la emulación de redes reales.

su capacidad para simular redes complejas y ejecutar código real, Mininet ofrece varias características que lo distinguen como una herramienta invaluable para el desarrollo y la experimentación en el campo de las redes definidas por software (SDN):

- **Entorno de pruebas económico**: Mininet proporciona un entorno de pruebas económico al permitir la creación de redes virtuales en un dispositivo físico estándar que ejecuta el kernel de Linux. Esto elimina la necesidad de hardware costoso y complicado, lo que hace que la experimentación con SDN sea más accesible para una amplia gama de usuarios, desde estudiantes hasta profesionales de la industria.

- **Flexibilidad en la creación de topologías**: Con Mininet, es posible crear y modificar fácilmente topologías de red complejas sin la necesidad de cablear una red física. Esto permite a los usuarios diseñar y probar una variedad de configuraciones de red para adaptarse a diferentes escenarios y requisitos de aplicación.

- **Soporte para múltiples desarrolladores**: Mininet permite que varios desarrolladores trabajen de forma concurrente e independiente en la misma topología de red. Esto facilita la colaboración en proyectos de SDN y fomenta un entorno de desarrollo ágil y colaborativo.

- **API de Python extensible**: La API de Python de Mininet facilita la creación y experimentación con redes personalizadas. Los usuarios pueden utilizar esta API para automatizar tareas, desarrollar nuevas funcionalidades y realizar pruebas exhaustivas en sus aplicaciones SDN.

- **Transición fluida al hardware real**: Gracias a su capacidad para ejecutar código real y emular el comportamiento de las redes físicas, Mininet permite una transición fluida del desarrollo y las pruebas en entornos emulados al despliegue en hardware real. Esto ayuda a reducir el tiempo y los costos asociados con la implementación de soluciones SDN en entornos de producción.

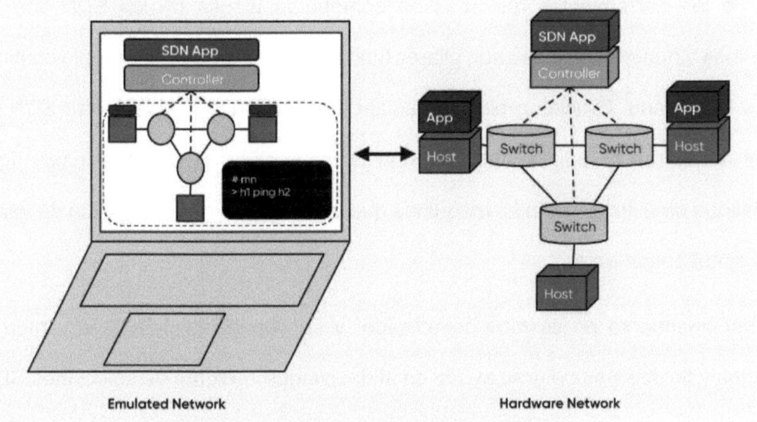

Figura 4. *Arquitectura Mininet tomado de (https://incyt.upse.edu.ec/ciencia/revistas/index.php/rctu/article/view/489/555)*

Máquinas Virtuales

Una de las herramientas que más ha contribuido al uso de las SDN son las máquinas virtuales. Decir que son pilares fundamentales para su desarrollo continuo no es exagerado. Gracias a ellas, cualquier persona puede implementar SDN sin poner en peligro su equipo debido a una configuración incorrecta, además de la posibilidad de utilizar múltiples máquinas que permiten la implementación de varias SDN simultáneamente.

Su funcionamiento no es muy complicado, y su capacidad para crear entornos aislados y flexibles es de gran ayuda en el despliegue eficiente de soluciones SDN.

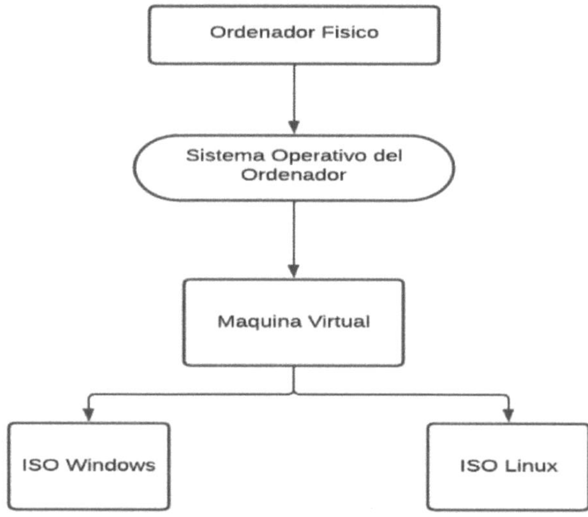

Figura 5. *Infraestructura SDN*

Como vemos en la figura 5, crear una infraestructura con la cual trabajar no es muy complicado en una máquina virtual, siempre y cuando se tenga las partes necesarias para hacer uso de la herramienta, lo cual nos permite una gestión de acuerdo con nuestras necesidades.

Fundamentación

Dentro del campo de la computación, los primeros indicios de publicaciones sobre el ámbito de las máquinas virtuales se ven reflejadas por primera vez en 1944, prácticamente en un momento en el furor de las ciencias de la computación era nulo. Es un año en el cual existe una publicación académica que directamente no llega a estar relacionada con las ciencias de la computación, pero bajo un análisis e interpretación enciende la idea de los primeros indicios en cuanto el uso y relación de las dos palabras en conjunto de máquina virtual. Bajo el uso de bibliometría en la base de datos Scopus por parte del autor Berresford, A et al (1944) en la cual se llega hablar de una máquina extractora de polen, en el documento se llega a mencionar las palabras máquina virtual, pero el uso de la palabra virtual llega a tener una definición que ha evolucionado a lo largo de los años. En ese entonces se centraba en la representación conceptual de situaciones y decisiones estratégicas en lo que bien la interpretación más cercana que deducía era sobre una "Simulación", estrategias y decisiones que no se basaban en eventos o condiciones reales; sino en situaciones teóricas o imaginarias; siendo está el argumento de relación directo en la evolución de la palabra virtual más en específico "La máquina virtual", teniendo como relación un término específico el cual es simulación porque la simulación implica imitar o representar un sistema o proceso, a menudo en un entorno controlado, para comprender su comportamiento, probar hipótesis o en el entrenamiento.

El término "máquina virtual" tiene sus orígenes históricos en la década de 1960, cuando IBM empezó a desarrollar la tecnología de virtualización para sus mainframes. Según Goldberg (1974), la máquina virtual es "una duplicación eficiente y aislada de la máquina física usando recursos compartidos del hardware". Máquina que aparta la esencia de la presencia de hardware que permite crear un entorno informático que emula y se comporta como si fuese una computadora real (máquina física), pero sin la necesidad de tener el hardware físico dedicado sólo para ella. En esencia, una máquina virtual es un entorno de software que emula a una computadora real y puede ejecutar programas como si fuese una computadora física independiente (Jiang y Zhou, 2013). Las máquinas virtuales proporcionan abstracción del hardware subyacente y permiten compartir recursos físicos entre varios entornos virtuales aislados entre sí (Wang et al., 2008)

Como explica Crosby (2007), la virtualización implica "la desvinculación de un recurso de servicio de la dependencia física que lo limita". En este sentido, las máquinas virtuales desvinculan el hardware real de los sistemas operativos y aplicaciones, permitiendo así la consolidación de múltiples cargas de trabajo en menos hardware. La máquina virtual es un concepto epistemológico que denota un entorno de software aislado y portable que simula un sistema informático real, permitiendo ejecutar programas y sistemas operativos múltiples sobre una misma infraestructura física.

Consolidación de la Máquina Virtual

En el paso de los años, se ha evidenciado cómo emerge poco a poco y con destreza el papel fundamental de las máquinas virtuales, aportando una dimensión crucial a la flexibilidad y la eficiencia. Ahora, es la necesidad de representar como esta fantástica herramienta converge con las SDN y potencia su dinámico ecosistema.

Dentro de lo que es el mundo de las SDN, las máquinas virtuales no simplemente se refieren a entornos que están aislados, sino a elementos estratégicos que potencian la agilidad y la adaptabilidad de las redes; es decir, se amplía para actuar como actores vivos en la programación y orquestación de recursos, funcionando como un catalizador en la ejecución de los servicios y consonancia con las dinámicas demandas del entorno, hasta cierto punto.

Ahora bien, dentro de esta consonancia existen elementos claves para el funcionamiento de esta integración, las cuales son:

- Centralización de Control: La centralización del control en las SDN encuentra su complemento natural en la capacidad de las máquinas virtuales para operar en entornos aislados y responder a comandos centralizados, creando una sinfonía de gestión dinámica y programación eficiente.

- Programabilidad Extendida: La programabilidad, piedra angular de las SDN, la cual se extiende hasta las máquinas virtuales, desencadenando la capacidad de adaptación en tiempo real y facilitando cambios instantáneos en la red.

También podemos encontrar aplicaciones que se sintetizan en profundidad, como lo son:

- Despliegue Ágil de Servicios: La integración de máquinas virtuales permite un despliegue ágil de servicios en las SDN, desde su rápida implementación de nuevas funciones hasta la adaptación instantánea a los requisitos cambiantes de la red.
- Optimización de Recursos: Al consolidar los recursos mediante el uso de máquinas virtuales podemos percibir una eficiencia operativa y además de eso un medio que sirve como catalizador en la optimización integral de la red en el contexto de la SDN.
- Resiliencia y Recuperación: Al actuar como entidades flexibles y replicables, las máquinas virtuales fortalecen la resiliencia de las SDN, brindándonos múltiples opciones robustas para la recuperación ante fallos y la continuidad del servicio.

Las máquinas virtuales permiten implementar rápidamente nuevos servicios de red en entornos aislados sobre la infraestructura SDN. Por ejemplo, se puede desplegar una máquina virtual con un firewall en minutos sin afectar otras partes de la red. Luego, el controlador SDN puede orquestar y replicar este servicio de firewall a otras zonas de la red de manera flexible según se necesite.

Al tener en cuenta todas estas funcionalidades y utilidades que son capaces de brindar las máquinas virtuales, se puede deducir que es una herramienta lo bastante apta para explorar el continuo mundo de posibilidades que existen dentro de las SDN. Esta unión de máquinas virtuales y SDN nos entregará una implementación efectiva y una gestión eficiente de las redes modernas.

Utilización de la Máquina Virtual.

Las máquinas virtuales (MV) permiten la ejecución de múltiples sistemas operativos y aplicaciones en un solo servidor físico. Cada MV tiene sus propios componentes virtualizados como CPU, RAM, almacenamiento y nic de red (Díaz et al., 2021). El hipervisor o software de virtualización crea y gestiona estas MVs, asignando recursos dinámicamente y aisladas entre sí.

Por otro lado, las redes definidas por software (SDN) separan el plano de control de red del plano de reenvío de datos (Yang y Yeung, 2020). El plano de control se centraliza en un controlador SDN programable. El plano de reenvío usa dispositivos de red estándares, pero se vuelven gestionados y programables a través del controlador.

Las MV y SDN se complementan para proveer infraestructuras de centro de datos flexibles y escalables. El hipervisor puede crear redes virtuales aisladas para interconectar las MVs, mientras que el controlador SDN proporciona conectividad y gestión de red entre hosts físicos (Yoo et al., 2022). Juntos, permiten la consolidación de muchas cargas de trabajo virtualizadas en menos hardware físico.

Específicamente, las MV aprovechan las capacidades de SDN de las siguientes maneras:

Gestión centralizada y visibilidad global: El controlador SDN tiene una vista unificada de la topología física y virtual, simplificando operaciones como monitoreo, aprovisionamiento y troubleshooting (Aryan et al., 2022).

- Migración simplificada: Las políticas y configuraciones de red pueden migrar junto con las MV cuando se mueven entre hosts, sin necesidad de reconfiguración manual (Qu, 2020).
- Redes virtuales dinámicas: Los controladores SDN pueden crear y gestionar redes overlay virtuales para conectar MVs de forma flexible y ágil (Umar et al., 2021).
- Segmentación y aislamiento: El tráfico de las MVs se puede separar en segmentos de red virtuales distintos para mayor seguridad y aislamiento.
- Equilibrio de carga: El controlador SDN tiene visibilidad del tráfico entre MVs y puede distribuirlo para optimizar el rendimiento (Hamdan et al., 2021).

La virtualización y SDN se complementan poderosamente. Las MVs proveen consolidación y aislamiento mientras que SDN entrega gestión centralizada, programabilidad y conectividad flexible entre entornos virtualizados. Esta interrelación ha impulsado su adopción conjunta en centros de datos y nubes.

CAPÍTULO 3

FLOODLIGHT

Floodlight es una plataforma de código abierto basada en software-defined networking (SDN) que actúa como un controlador centralizado para la administración y configuración de redes. Este controlador fue desarrollado por una comunidad abierta de desarrolladores, lo cual muchos de ellos pertenecen a Big Switch Networks, que utiliza el protocolo OpenFlow para orquestar flujos de tráfico en un entorno de redes definidas por software (SDN).

Floodlight se utiliza para implementar y gestionar redes definidas por software, que separan el plano de control del plano de datos en una red, permitiendo una mayor flexibilidad, escalabilidad y control sobre la infraestructura de red.

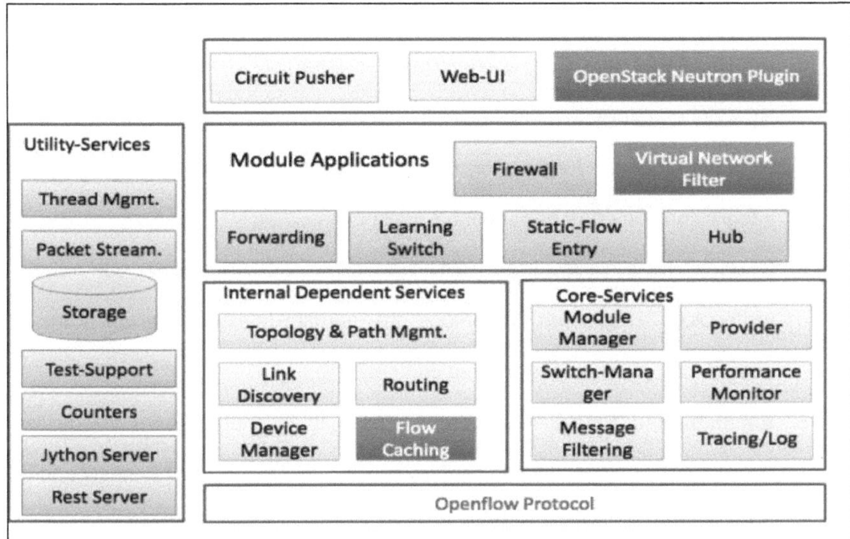

*Figura 6. Arquitectura Floodlight tomado de
(https://www.researchgate.net/figure/Floodlight-Architecture_fig1_345322626)*

El controlador SDN es responsable de mantener todas las reglas de la red y proporcionar las instrucciones necesarias a la infraestructura subyacente sobre cómo se debe manejar el tráfico. Esto permite a las empresas adaptarse mejor a sus necesidades cambiantes y tener un mejor control sobre sus redes.

Características de Floodlight.

1. **Open Source:** Floodlight es un controlador SDN de código abierto, lo que significa que su código fuente está disponible públicamente para su inspección, modificación y contribución por parte de la comunidad.

2. **Basado en Java:** Floodlight está escrito en Java, lo que lo hace multiplataforma y compatible con una amplia gama de sistemas operativos.

3. **Interfaz RESTful:** Ofrece una interfaz de programación de aplicaciones (API) RESTful que permite a los desarrolladores y administradores interactuar con el controlador de forma programática, facilitando la automatización y la integración con otras herramientas y sistemas.

4. **Soporte para protocolos SDN:** Floodlight es compatible con varios protocolos SDN, como OpenFlow, que permite la comunicación entre el controlador y los switches de red compatibles.

5. **Escalabilidad:** Está diseñado para ser escalable y puede gestionar redes de diferentes tamaños, desde entornos de laboratorio hasta despliegues empresariales a gran escala.

6. **Modularidad:** Floodlight está diseñado con una arquitectura modular que permite la fácil extensión y personalización mediante la adición de nuevos módulos y funcionalidades.

7. **Comunidad activa:** Al ser un proyecto de código abierto, Floodlight cuenta con una comunidad activa de desarrolladores y usuarios que contribuyen con mejoras, correcciones de errores y nuevas características.

Modelo de Servicios.

Floodlight sigue un modelo de servicios basado en módulos que proporcionan diferentes funcionalidades y capacidades. Estos módulos se pueden habilitar o deshabilitar según las necesidades específicas de la red. A continuación, se presentan algunos de los principales módulos y servicios disponibles en Floodlight:

- **Controlador principal (Core Controller)**

Es el módulo central de Floodlight que gestiona la lógica y las funciones principales del controlador SDN. Proporciona servicios básicos como descubrimiento de topología de red, enrutamiento, manejo de flujos y administración general del controlador.

- **Servicio de administración de flujos (Flow Management Service)**

Este servicio se encarga de la gestión y control de los flujos de datos en la red. Permite definir reglas de enrutamiento, políticas de calidad de servicio (QoS) y manejo de congestión de tráfico.

- **Servicio de descubrimiento de topología (Topology Discovery Service)**

Este servicio se encarga de descubrir y mantener actualizada la información de la topología de la red. Proporciona información sobre los dispositivos de red conectados, los enlaces entre ellos y la estructura general de la red.

- **Servicio de seguridad (Security Service)**

Este servicio se ocupa de la seguridad en la red y la protección contra amenazas. Puede incluir funciones como detección y prevención de intrusiones, cortafuegos y control de acceso a la red.

- **Servicio de virtualización (Virtualization Service)**

Este servicio permite la creación y gestión de redes virtuales dentro de la infraestructura física de la red. Permite la compartición de recursos, aislamiento y segmentación de la red, y la creación de entornos de red virtualizados.

- **Servicio de monitoreo y análisis (Monitoring and Analytics Service)**

Este servicio se encarga de recopilar datos y estadísticas sobre el rendimiento de la red, el tráfico y otros parámetros relevantes. Proporciona herramientas de monitoreo en tiempo real y análisis de datos para ayudar en la optimización y solución de problemas de la red.

Componentes.

Floodlight, como controlador SDN de código abierto, está compuesto por varios componentes clave que trabajan juntos para proporcionar funcionalidades de gestión y configuración de redes. A continuación, se describen los componentes principales de Floodlight:

- **Controlador principal (Core Controller)**

  Es el componente central de Floodlight que maneja la lógica y las funcionalidades principales del controlador SDN. Se encarga de recibir y procesar los mensajes de los dispositivos de red, así como de tomar decisiones de enrutamiento y control de flujo.

- **Módulos**

  Floodlight está diseñado con una arquitectura modular que permite la incorporación de diferentes módulos según las necesidades específicas. Estos módulos pueden proporcionar funcionalidades adicionales, como la gestión de políticas, la seguridad, la virtualización, el monitoreo, entre otros. Algunos ejemplos de módulos comunes incluyen el módulo de gestión de flujos (Flow Manager), el módulo de descubrimiento de topología (Topology Manager), el módulo de seguridad (Security Manager), etc.

- **API (Application Programming Interface)**

Floodlight proporciona una API que permite a los desarrolladores y administradores de redes interactuar con el controlador. La API permite la programación y el control de las funcionalidades de Floodlight, lo que facilita la integración con otras aplicaciones y herramientas.

- **Protocolo OpenFlow**

Floodlight se comunica con los dispositivos de red a través del protocolo OpenFlow, que es un protocolo estándar utilizado en redes definidas por software (SDN). El protocolo OpenFlow permite al controlador interactuar con los switches y routers compatibles para controlar el flujo de datos y tomar decisiones de enrutamiento.

- **Interfaz de administración**

Floodlight ofrece una interfaz de administración basada en web que permite a los usuarios configurar y gestionar la red. Esta interfaz proporciona acceso a diferentes funcionalidades y herramientas para la configuración y supervisión de la red

CAPÍTULO 4

GUÌA DE INSTALACIÓN.

Máquina Virtual (Virtual Box).

La máquina virtual es lo más importante, por lo cual es bueno definir una que cumpla con los criterios necesarios para poder trabajar sin inconvenientes, en este caso se usará una de las más recomendadas, la cual es VirtualBox, una aplicación creada

```
$ https://www.virtualbox.org/
```

por la empresa de Oracle, la cual ayudará a emular una máquina independiente en la computadora. Para instalar el VirtualBox, es necesario descargar el instalador de su página, el cual se puede encontrar a continuación.

Una vez pulsado el enlace, este los redireccionará a la página, lo que permitirá descargar el instalador que va de acuerdo con su sistema operativo, en este caso el sistema operativo que se está usando es el **Windows 11**, por lo cual el instalador que se necesita para ejecutar el sistema es el del Windows, el cual se procede a descargar y arrojara un archivo de instalación

Descargar Imagen VM Floodlight.

Para poder trabajar con Floodlight, es necesario disponer de un sistema operativo que se acople a las funcionalidades, servicios y dependencias que este pueda ofrecer, pero a su vez Floodlight, brinda una máquina virtual preconfigurada con

Mininet, Open vSwitch y el mismo Floodlight, que facilita la instalación y el ahorramiento de posibles problemas al configurar.

Para esto, es necesario dirigirse a la página oficial de la comunidad de Floodlight

```
$ https://floodlight.atlassian.net/wiki/spaces
```

que se encuentra en el siguiente enlace:

Una vez pulsado el enlace, este hará una redirección a la página, en la cual se pueden encontrar distintos apartados, el cual se accederá al que tiene por nombre "Floodlight Controller", aquí adentro se presentara todo lo relacionado con el controlador, lo que incluye la instalación normal, la documentación, la Web GUI, entre otros. El apartado necesario será el de "Floodlight VM", aquí se podrá encontrar todo el proceso de instalación suministrado por la comunidad, como a su vez la opción de descarga de la maquina preconfigurada, la cual es la que se va a usar.

Posterior a esto, se descargará una carpeta comprimida en formato *".zip"* la cual se tendrá que descomprimir para usar el archivo *".vmdk"* de Floodlight, una vez que se efectué la descomprensión del archivo, se procede a abrir el programa *"VirtualBox"*.

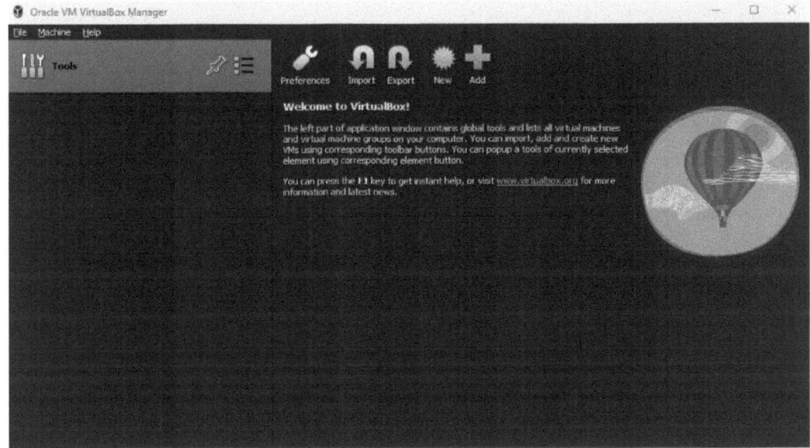

Figura 7. *Entorno VirtualBox*

Posterior a la apertura del programa *"VirtualBox"*, se procede a buscar el botón para crear una máquina virtual el cual es *"New"* o *"Nuevo"*.

Figura 8. *Caja de Opciones VirtualBox*

Una vez encontrado localizada esta opción se procede a pulsar y les abrira a la siguiente ventana:

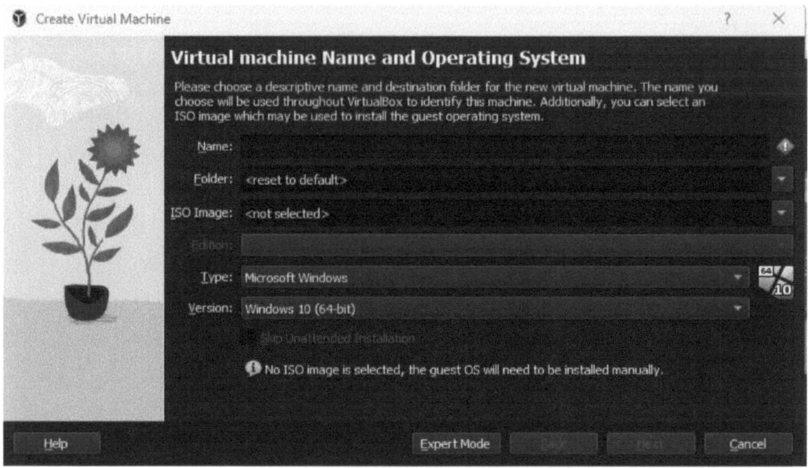

Figura 9. Creación de Máquina Virtual

Una vez aquí dentro se procede a buscar el botón de *"Expert Mode"* o *"Modo Experto"* que aparece en la parte inferior de la ventana y luego se procede a pulsar.

Figura 10. Creación de Máquina Virtual (Opción Expert Mode)

Una pulsado, este mostrara otras secciones del apartado anterior, la cual lucirán de la siguiente manera:

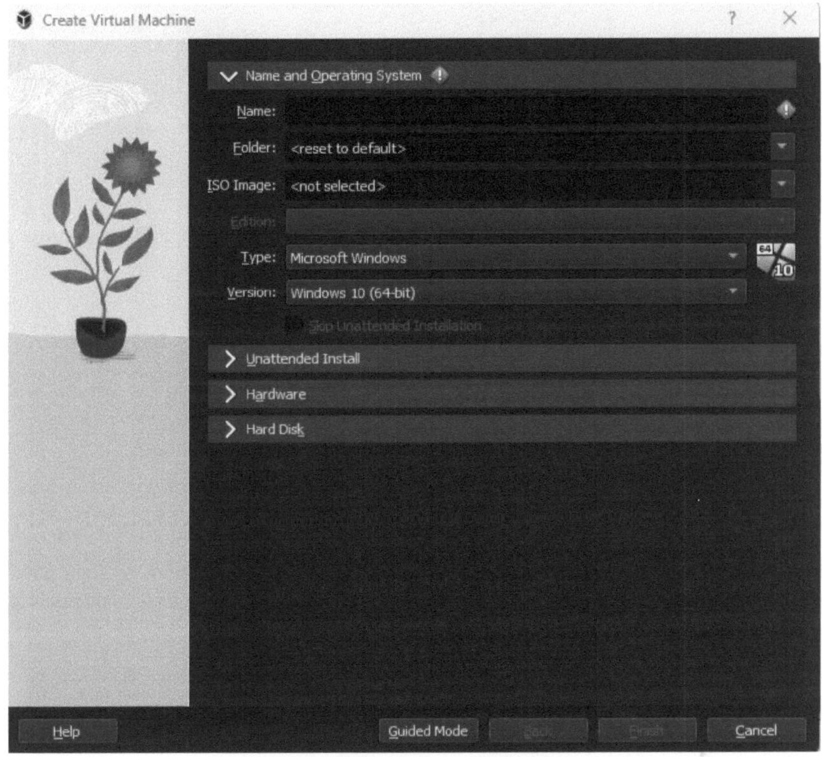

Figura 11. Expert Mode VirtualBox

Posterior a esto, se procede a agregar un nombre a la máquina virtual, aunque se vaya a usar una máquina virtual preconfigurada el proceso de implementación al *"VirtualBox"*, para su posterior uso, es como si se estuviera creado una maquina desde cero, ya que es una archivo *".vmdk"*, el cual se está usando y no una copia de seguridad, como lo es cuando es un OVA.

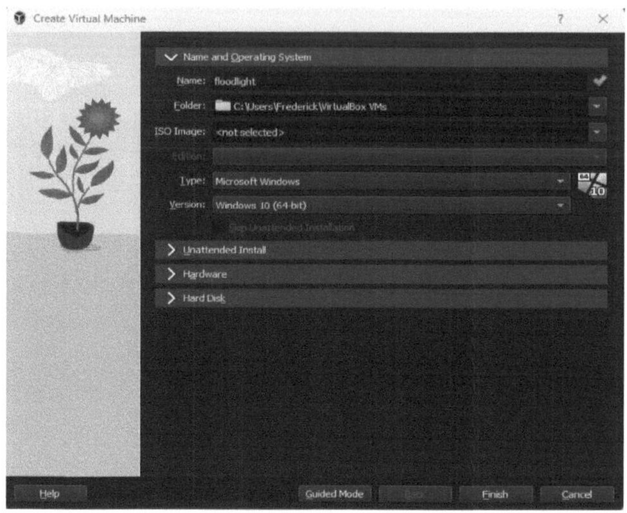

Figura 12. *Expert Mode VirtualBox (Selección de Nombre)*

Después de esto, se procede a elegir el tipo de sistema y la versión, en este caso se usará el tipo *"Linux"*, ya que se usará un sistema basado en *"Linux"* y por último en la versión se elige *"Ubuntu"*, como se puede observar.

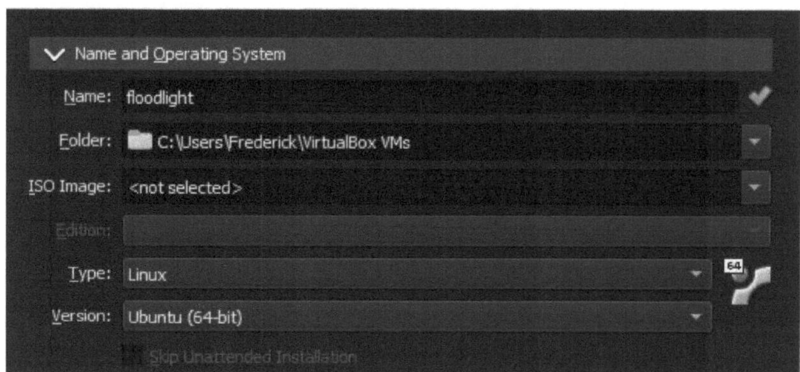

Figura 13. *Expert Mode VirtualBox (Selección de Tipo de Sistema)*

Ahora, en la sección de *"Hard Disk"* o *"Disco Duro"*, se selecciona la siguiente opción.

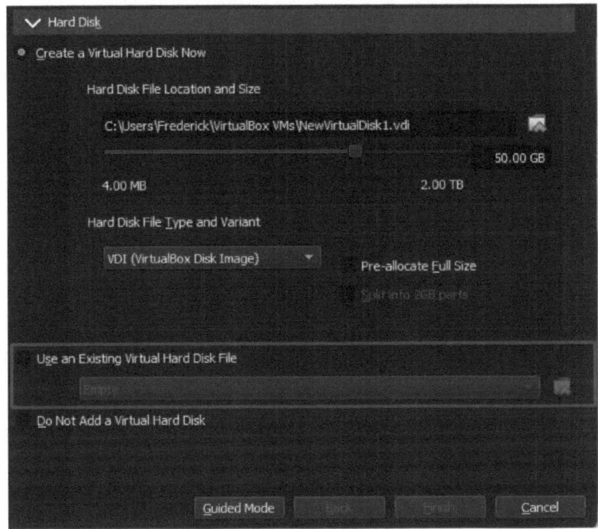

Figura 14. *Expert Mode VirtualBox (Hard Disk)*

Una vez marcan la opción, proceden a darle en el botón de buscar y a continuación se les abrirá otra ventana como puede observar a continuación.

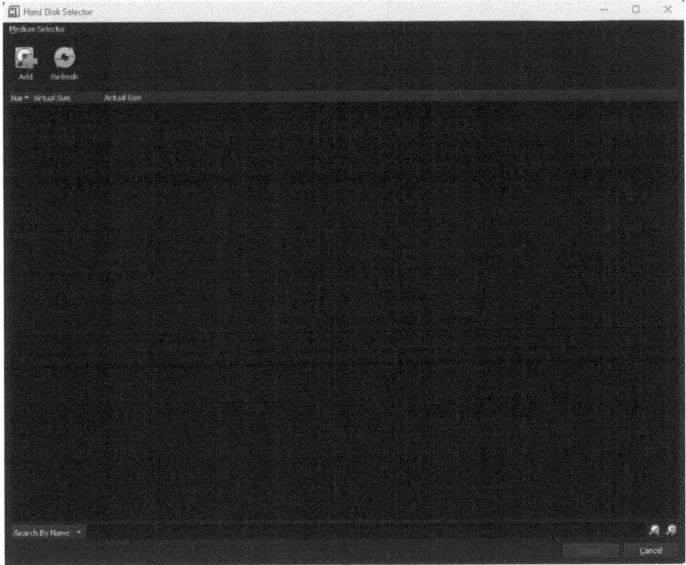

Figura 15. *Interfaz Hard Disk*

Dentro de esta pestaña se procede a darle en el icono de disco que tiene por nombre *"Add"* o *"Añadir"*.

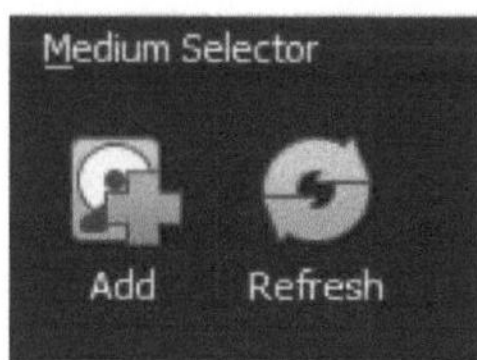

Figura 16. Interfaz Hard Disk (Caja de Opciones)

Ahora, una vez pulsado el botón, se desplegara una nueva ventana en donde se tendrá que buscar el archivo *".vmdk"*, de Floodlight y se seleccionara.

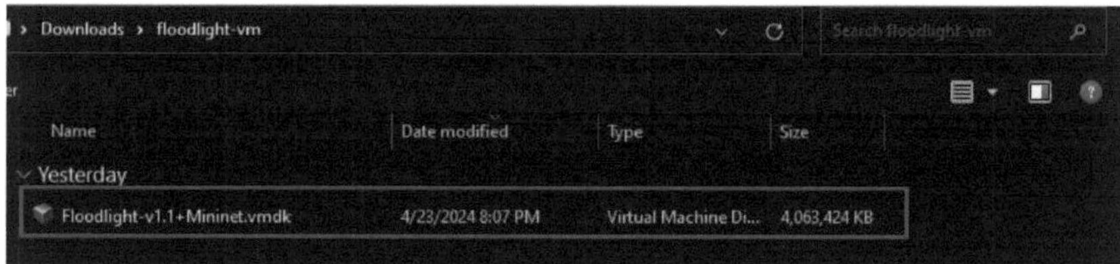

Figura 17. Archivo Floodlight

Una vez seleccionado, este aparecerá en la ventana que se abrió anteriormente como pueden observar a continuación.

Figura 18. *Interfaz Hard Disk - Selección*

Aquí, se le dará en *"Choose"* o *"Elegir"* y se quedará seleccionado en el apartado de disco, como se puede observar.

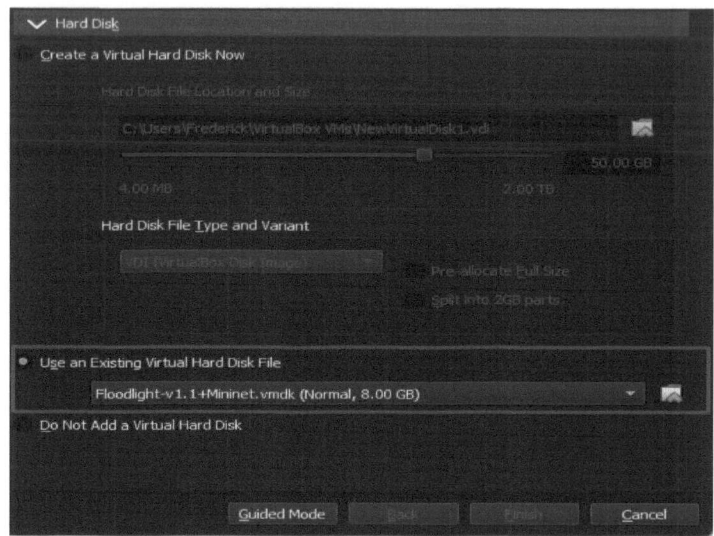

Figura 19. Expert Mode VirtualBox (Hard Disk) #2

Una vez se tenga ya todo esto hecho, la configuración estará lista y se procede a dar en el botón de *"Finish"* o *"Finalizar"* y esto inmediatamente creara la máquina virtual de Floodlight con todas sus preconfiguraciones como se puede observar.

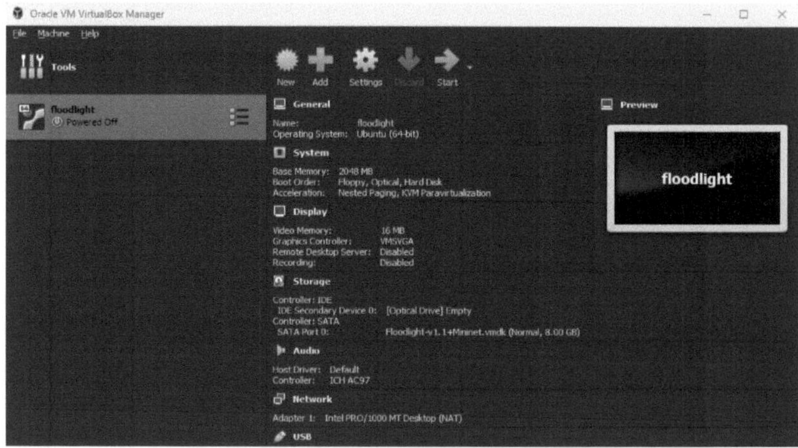

Figura 20. Entorno VirtualBox - Floodlight

Por último, se procede a abrir la máquina virtual para comprobar que todo se encuentre en óptimas condiciones y se ejecute sin ningún problema.

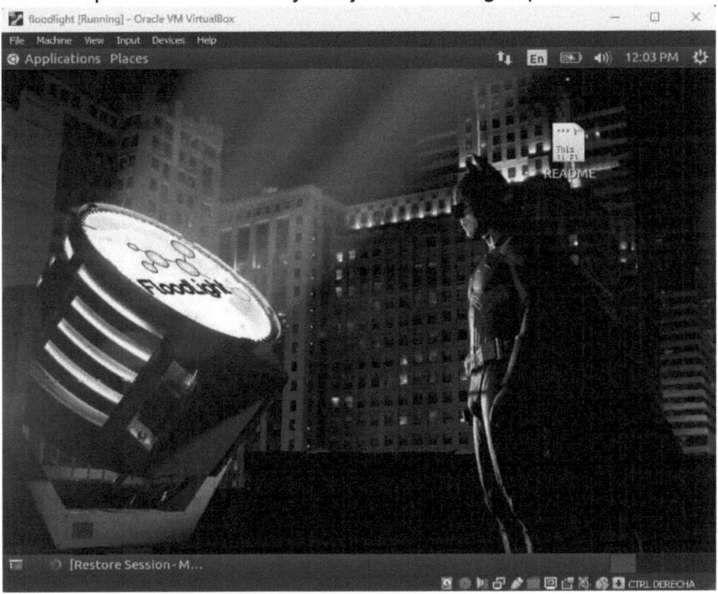

Figura 21. *Máquina Virtual Floodlight*

Como se puede observar, el entorno dedicado Floodlight, se ejecutó de la mejor forma, puede que surja un problema al abrir como se muestra a continuación.

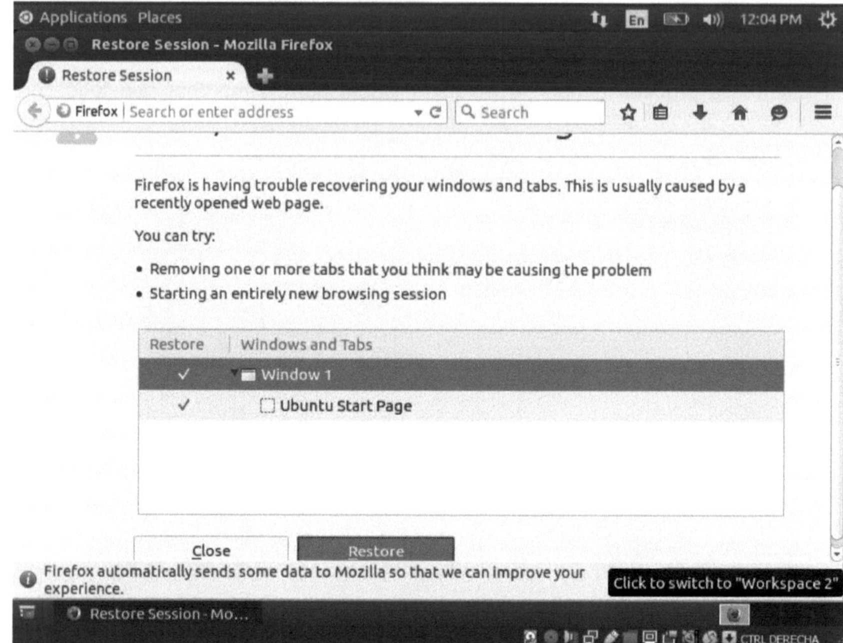

Figura 22. Navegador - Entorno Floodlight

Este problema simplemente se puede ignorar ya que no es nada relevante y mucho menos afecta los procedimientos que se harán por delante. El entorno cuenta con un usuario y contraseña definidas por default, el cual es *"floodlight"*.

Preparación del Ambiente.

Para comenzar la preparación del ambiente, es necesario dirigirse a la terminal o consola del entorno Floodlight, para eso es necesario dirigirse al apartado de *"Application"*.

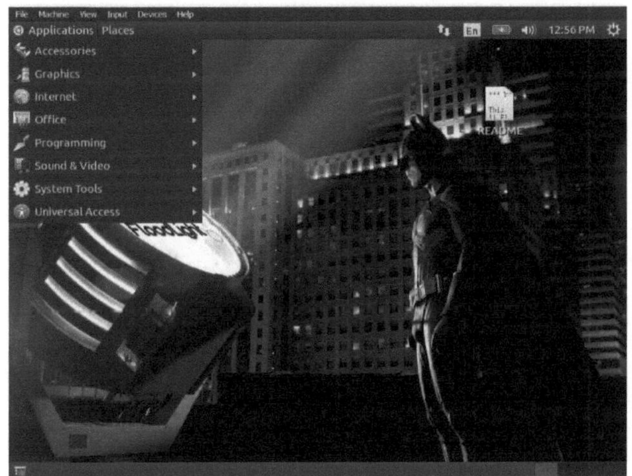

Figura 23. *Máquina Virtual Floodlight (Applications)*

Ahora, será necesario que se dirijan al apartado principal de la máquina virtual y es necesario dar *"click derecho"* a la máquina virtual creada anteriormente y luego se dirigen al apartado de *"setting"* o *"configuración"*.

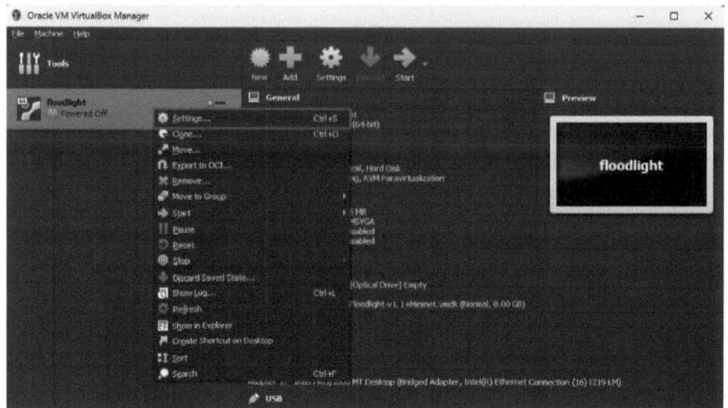

Figura 24. *Entorno VirtualBox (Configuración Maquina)*

Luego, se les abrirá un apartado como el siguiente:

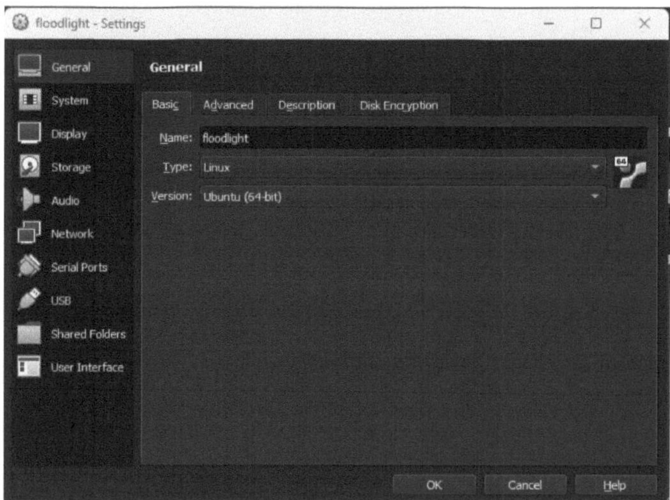

Figura 25. *Entorno de Configuración Máquina Virtual*

Una vez aquí dentro se dirigirán al apartado de *"network"* o *"red"* como se muestra a continuación:

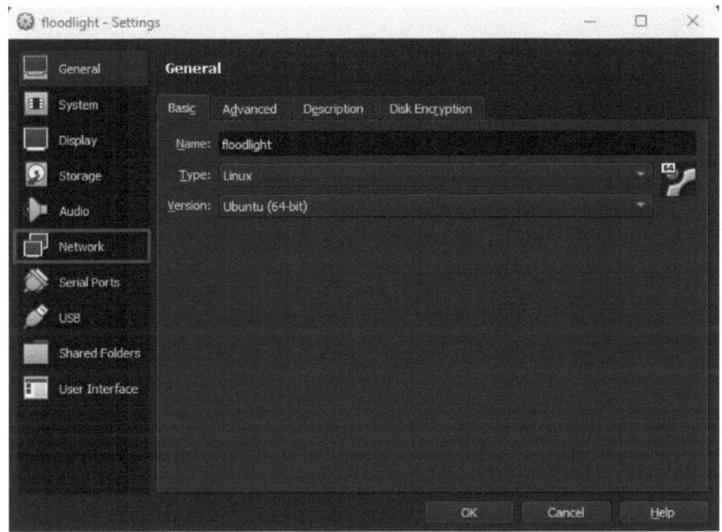

Figura 26. Entorno de Configuración Máquina Virtual (General)

Estando aquí, se procede a cambiar la conexión de "NAT" por la conexión de "Adaptador de puente" o "Bridged adapter", una vez hecho eso, se les desplegara algunas opciones como las que se ven a continuación:

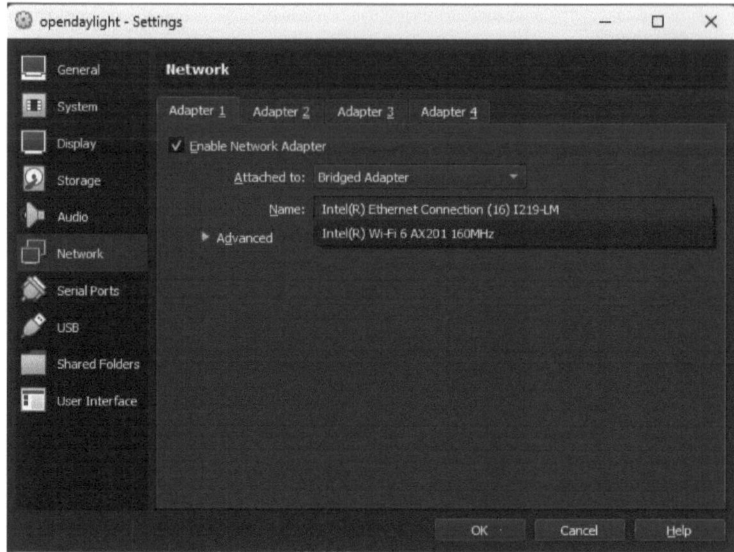

Figura 27. *Entorno de Configuración Máquina Virtual (Network)*

Estas opciones no serán iguales para todos y puede que aparezcan más de una, lo importante es que una vez se despliegue las opciones es importante saber que, la opción de *"Ethernet Connection"* o "Conexión por Ethernet" es para computadores conectados directamente por cable al router y la *"Conexión Wi-Fi"* son para aquellos que están conectados de manera inalámbrica, es importante elegir la opción en base a esto, después de haber explicado esto, se procederá a elegir la primera opción ya que el computador donde se trabaja actualmente, está por conexión directa.

Después de haberse hecho esto, se procederá a abrir nuevamente la máquina virtual, en caso de que se tuviera la máquina virtual abierta cuando hicieron esta parte es necesario que la reinicien.

Ahora bien, después de haberse hecho todo eso, ahora es necesario dirigirse al menú de *"Application"*, dentro del entorno de Floodlight y se seleccionara la opción de *"Accessories"* y posteriormente *"Terminal"*.

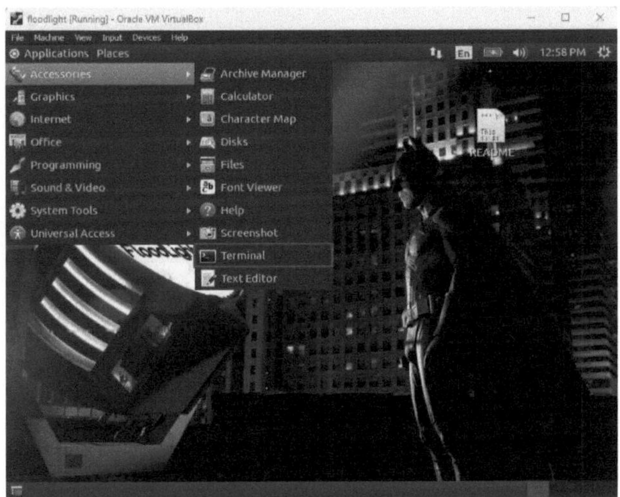

Figura 28. *Caja de Opciones Floodlight (Terminal)*

Después de esto, es necesario escribir el siguiente comando:

```
$ ifconfig
```

Este comando, se utiliza para mostrar información sobre las interfaces de red en el sistema, esta información puede incluir direcciones IP, direcciones MAC, estado de la interfaz y más.

```
floodlight@floodlight: ~
File Edit View Search Terminal Help
floodlight@floodlight:~$ ifconfig
eth0      Link encap:Ethernet  HWaddr 08:00:27:ed:58:b4
          inet addr:192.168.1.235  Bcast:192.168.1.255  Mask:255.255.255.0
          inet6 addr: 2800:e6:4010:e9c0:a00:27ff:feed:58b4/64 Scope:Global
          inet6 addr: 2800:e6:4010:e9c0:6ce3:bc85:6c4:6b73/64 Scope:Global
          inet6 addr: fe80::a00:27ff:feed:58b4/64 Scope:Link
          UP BROADCAST RUNNING MULTICAST  MTU:1500  Metric:1
          RX packets:668 errors:0 dropped:0 overruns:0 frame:0
          TX packets:655 errors:0 dropped:0 overruns:0 carrier:0
          collisions:0 txqueuelen:1000
          RX bytes:89800 (89.8 KB)  TX bytes:64143 (64.1 KB)

lo        Link encap:Local Loopback
          inet addr:127.0.0.1  Mask:255.0.0.0
          inet6 addr: ::1/128 Scope:Host
          UP LOOPBACK RUNNING  MTU:65536  Metric:1
          RX packets:2321 errors:0 dropped:0 overruns:0 frame:0
          TX packets:2321 errors:0 dropped:0 overruns:0 carrier:0
          collisions:0 txqueuelen:0
          RX bytes:131415 (131.4 KB)  TX bytes:131415 (131.4 KB)

floodlight@floodlight:~$
```

__Figura 29.__ Terminal Floodlight (ifconfig)

Como se puede observar, se les muestra el apartado de la máscara de red correspondiente a la conexión que se está usando, la cual puede variar, en este caso es *"192.168.1.235"*.

Ahora, inmediatamente se abrirá la terminal, en donde escribirán el siguiente

```
$ cd floodlight
```

comando:

Este comando, se utiliza para cambiar el directorio actual del terminal al directorio en cuestión, el cual es *"floodlight"*.

Figura 30. *Terminal Floodlight (Carpeta Floodlight)*

Después de escribir el comando y pasar a la carpeta *"floodlight"*, se procede a escribir el siguiente:

```
$ ant
```

Este comando, se utiliza para invocar la herramienta *"Apache Ant"* la cual es una herramienta de automatización de construcción utilizada en proyectos Java, como por ejemplo Floodlight.

Figura 31. Terminal Floodlight (Apache Ant)

Al ejecutar este comando, se realizarán varias tareas, como compilar el código fuente, generar archivos JAR, realizar pruebas, etc. Estas tareas dependen de cómo esté configurado el archivo build.xml en el proyecto Floodlight. Se sabrá que ha terminado de ejecutarse al arrojar como respuesta *"BUILD SUCCESSFUL"*, como se evidencia en la figura.

Ahora se procede a escribir el siguiente comando:

```
$ java -jar target/floodlight.jar
```

Este comando, se utiliza para ejecutar el archivo JAR generado después de construir el proyecto Floodlight. Este comando inicia la aplicación y la ejecuta en la máquina virtual de Java (JVM).

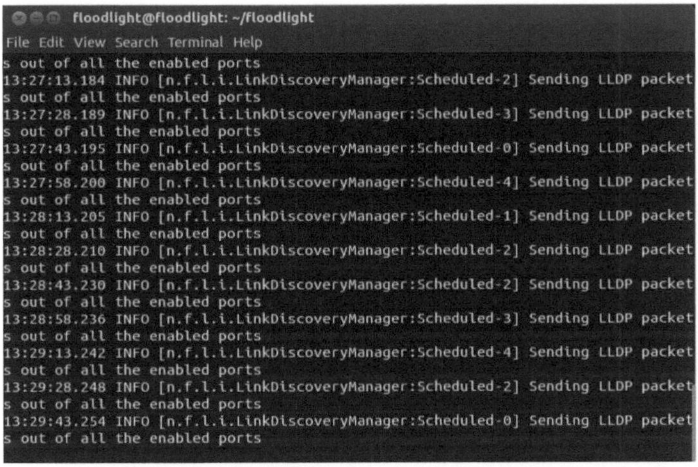

Figura 32. *Ejecución de Archivo JAR*

Después de ingresar el comando, este se quedará ejecutando en la terminal que se está usando, entonces es necesario para proseguir abrir una nueva terminal y una vez se abra escribir el siguiente comando:

```
$ sudo apt install mininet
```

Este comando, se utiliza para instalar la herramienta Mininet que te permite crear redes virtuales.

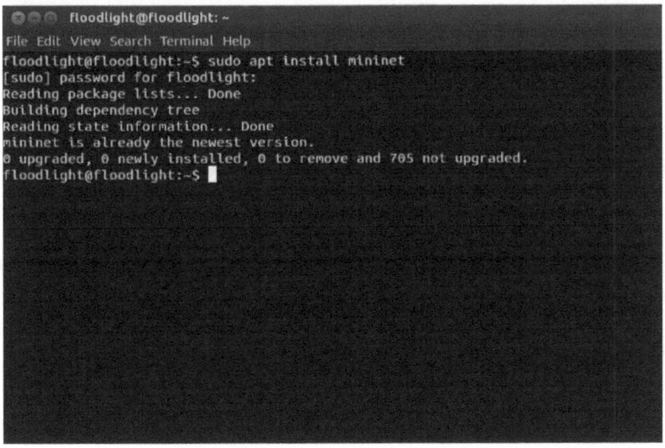

Figura 33. *Instalación Mininet*

A pesar de que la maquina preconfigurada venga con *"Mininet"*, a veces puede presentar errores, por lo cual es necesario volver a hacer una instalación para evitar futuros a medida que se avanza dentro del entorno Floodlight.

Después de esto, se procede a testear que se haya instalado correctamente el *"Mininet"* con el siguiente comando:

```
$ sudo mn
```

Este comando, se utiliza para ingresar a la Shell de *"Mininet"*, donde se podrá interactuar con la topología de red y ejecutar comandos para configurar y probar diferentes aspectos de la red emulada.

```
floodlight@floodlight: ~
File Edit View Search Terminal Help
floodlight@floodlight:~$ sudo mn
*** Creating network
*** Adding controller
*** Adding hosts:
h1 h2
*** Adding switches:
s1
*** Adding links:
(h1, s1) (h2, s1)
*** Configuring hosts
h1 h2
*** Starting controller
c0
*** Starting 1 switches
s1 ...
*** Starting CLI:
mininet>
```

Figura 34. *Ejecución Mininet*

Luego de esto, se procede a escribir el siguiente comando:

```
$ sudo mn --topo linear,3 --mac --controller=remote,ip=192.168.1.235,port=6653
--switch ovs,protocols=OpenFlow13
```

Este comando, se utiliza para iniciar la emulación de una red utilizando Mininet y conectarla a un controlador Floodlight en el puerto destinado que para este caso es el *"6653"*.

```
floodlight@floodlight: ~
File Edit View Search Terminal Help
*** Stopping 1 switches
s1
*** Stopping 2 hosts
h1 h2
*** Done
completed in 69.349 seconds
floodlight@floodlight:~$ sudo mn --topo linear,3 --mac --controller=remote,ip=19
2.168.1.235,port=6653 --switch ovs,protocols=OpenFlow13
*** Creating network
*** Adding controller
*** Adding hosts:
h1 h2 h3
*** Adding switches:
s1 s2 s3
*** Adding links:
(h1, s1) (h2, s2) (h3, s3) (s2, s1) (s3, s2)
*** Configuring hosts
h1 h2 h3
*** Starting controller
c0
*** Starting 3 switches
s1 s2 s3 ...
*** Starting CLI:
mininet>
```

Figura 35. *Creación de Topología*

Una vez ingresado el comando se comprueba que se creó la topología satisfactoriamente, cabe recalcar que en la parte de *"ip"*, se tiene que colocar la IP de la máscara de red que corresponde con su máquina.

Por ultimo, escribimos el siguiente comando:

```
$ pingall
```

Este comando se utiliza dentro del entorno de Mininet para enviar un paquete de ping desde cada host a todos los demás hosts en la topología de red virtual.

```
mininet> pingall
*** Ping: testing ping reachability
h1 -> h2 h3
h2 -> h1 h3
h3 -> h1 h2
*** Results: 0% dropped (6/6 received)
mininet>
```

Figura 36. *Test de Paquetes*

Una vez hecho esto, se procede a abrir el navegador, para esto es necesario dirigirse nuevamente al apartado de *"Applications"*.

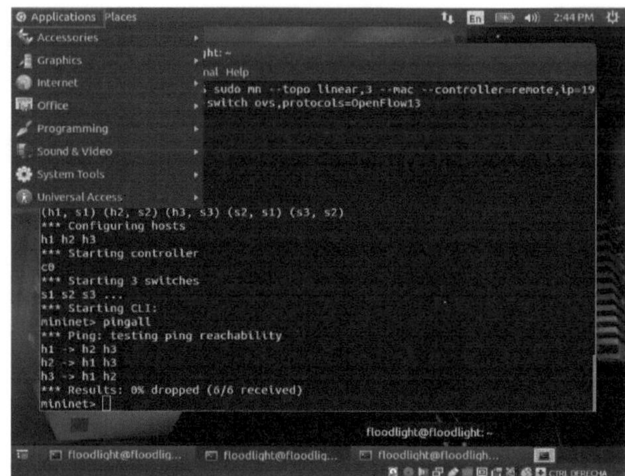

Figura 37. Máquina Virtual Floodlight (Applications) #2

Una vez aquí se procede ir al apartado de *"Internet"* y posteriormente al navegador.

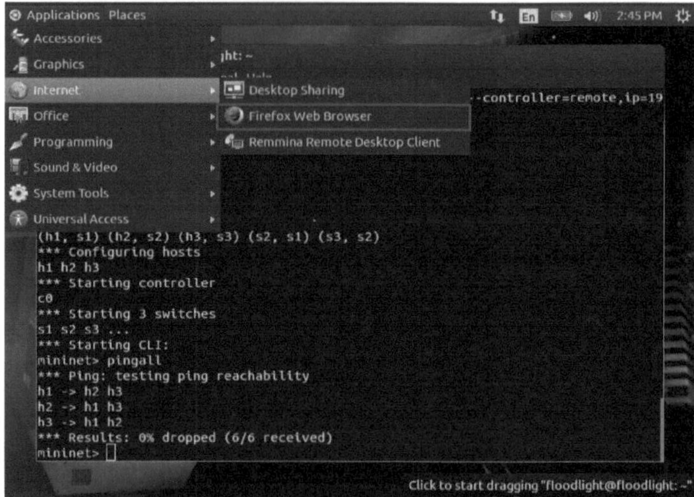

Figura 38. Caja de Opciones Floodlight (Navegador)

Una vez abierto el navegador se procede a escribir el siguiente enlace.

```
$ localhost:8080/ui/index.html
```

Una vez ingresado el enlace, este deberá redireccionarlos a la siguiente sección.

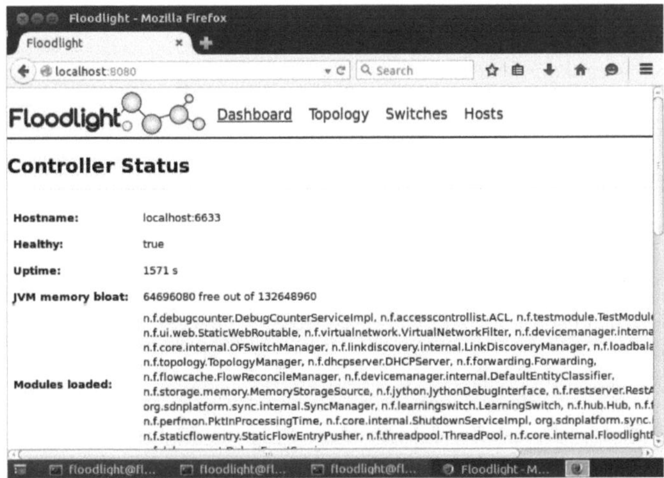

Figura 39. *Interfaz UI Floodlight*

El enlace anteriormente ingresado se refiere a la página de inicio del panel de administración web de Floodlight.

Cuando ejecutas Floodlight y accedes a esta URL en tu navegador, deberías poder ver la interfaz de usuario (UI) del panel de administración de Floodlight. Desde allí, puedes configurar y administrar el controlador Floodlight, así como visualizar información sobre la red, las topologías y los flujos de OpenFlow.

Es importante destacar que esta URL asume que has configurado Floodlight para que se ejecute en tu máquina local (localhost) y en el puerto 8080. Asegúrate de que el controlador Floodlight esté en funcionamiento y que hayas ingresado correctamente la dirección URL en tu navegador para acceder a la interfaz de usuario de Floodlight en caso de que surgiera un error.

La interfaz de usuario del panel de administración web de Floodlight. Al acceder a esta página, encontrarás diversas funcionalidades y secciones que te permiten administrar y configurar el controlador Floodlight. A continuación, se describen algunas de las características comunes que puedes encontrar en esta página:

- **Dashboard:** El panel de control inicial proporciona una visión general de la red, incluyendo estadísticas, eventos y otros datos relevantes.

- **Topología de red:** Puedes ver una representación gráfica de la topología de red que Floodlight está gestionando. Esto incluye los switches, enlaces y hosts conectados.

- **Administración de switches:** Puedes ver y gestionar los switches OpenFlow conectados al controlador Floodlight. Esto implica visualizar su estado, configurarlos, modificar sus flujos de reglas y más.

- **Configuración de controlador:** Puedes ajustar la configuración del controlador Floodlight, como las direcciones IP y los puertos utilizados, ajustes de seguridad y otras opciones específicas.

- **Monitoreo y estadísticas:** Puedes obtener información detallada sobre el tráfico de la red, las estadísticas de los switches, el rendimiento y otros datos relevantes.

- **Flujos de reglas:** Puedes examinar y configurar los flujos de reglas OpenFlow en los switches gestionados por Floodlight. Esto incluye la visualización, edición y creación de flujos para controlar el comportamiento de la red.

Estas son solo algunas de las funcionalidades que puedes encontrar en la interfaz de usuario de Floodlight. La página proporciona una forma conveniente de administrar y supervisar el controlador Floodlight y su entorno de red.

Ahora bien, anteriormente, se creó una topología lineal de 3 hosts, Floodlight nos permite ver esta tipología de manera visual, para esto desde la Interfaz de Usuario de el controlador accedemos al apartado que tiene por nombre *"Topology"*.

***Figura 40.** Interfaz UI Floodlight #2*

Una vez pulsado, este nos redirige inmediatamente a la sección de topologías y encontraremos la topología que anteriormente fue creada.

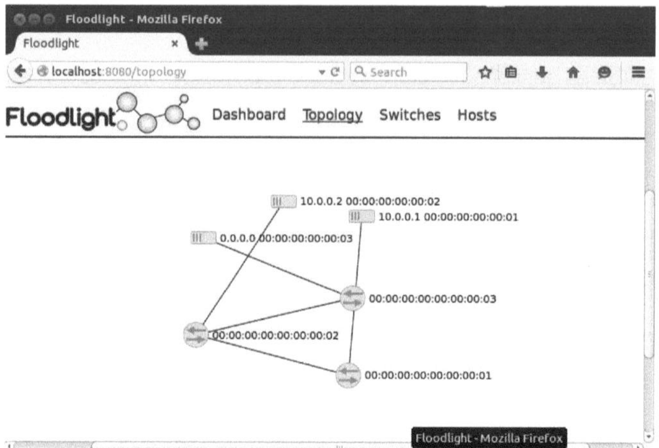

Figura 41. *Interfaz UI Floodlight - Topology*

Como podemos ver, se visualiza perfectamente la topología que fue creada por nosotros. Además de esto es posible también hacer un ping entre ellas y probar la conectividad entre los hosts de la red emulada con el siguiente comando.

```
$ h1 ping h2
```

```
mininet> h1 ping h2
PING 10.0.0.2 (10.0.0.2) 56(84) bytes of data.
64 bytes from 10.0.0.2: icmp_seq=1 ttl=64 time=2.99 ms
64 bytes from 10.0.0.2: icmp_seq=2 ttl=64 time=0.143 ms
64 bytes from 10.0.0.2: icmp_seq=3 ttl=64 time=0.033 ms
64 bytes from 10.0.0.2: icmp_seq=4 ttl=64 time=0.036 ms
64 bytes from 10.0.0.2: icmp_seq=5 ttl=64 time=0.038 ms
64 bytes from 10.0.0.2: icmp_seq=6 ttl=64 time=0.025 ms
64 bytes from 10.0.0.2: icmp_seq=7 ttl=64 time=0.039 ms
```

Figura 42. *Test de Paquetes #2*

Como podemos ver se efectúa de manera correcta la conectividad entre los hosts de la red. Para poder terminar de probar la conectividad hacemos el siguiente atajo en el sistema.

```
$ ctrl + c
```

Esto inmediatamente cancelara la prueba de conectividad, ahora escribimos el siguiente comando para salirnos de *"Mininet"*

```
$ exit
```

Posterior a esto, si se vuelve al apartado de *"Topology"*, mostrara lo siguiente:

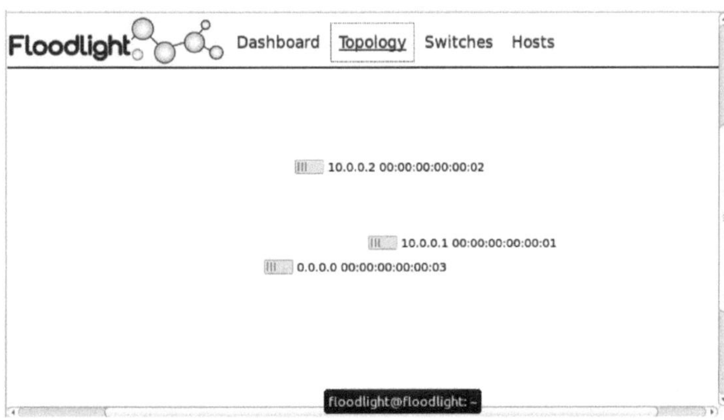

Figura 43. *Interfaz UI Floodlight - Topology #2*

Como se pudo observar, al salir del apartado de *"Mininet"*, la topología anteriormente creada se desapareció, esto quiere decir que dejo de recibir la conexión que tenía.

Ahora se intentará hacer una prueba con una topología distinta, para esto es necesario escribir el siguiente comando.

```
$ sudo mn --controller=remote, ip=192.168.1.235,port=6653 --switch ovsk,
protocols=OpenFlow13
```

Una vez escrito el comando, podemos ver la siguiente topología dentro del apartado *"Topology"*

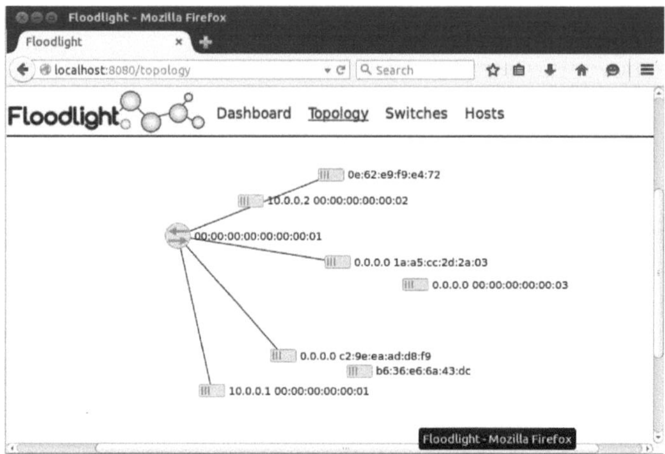

Figura 44. *Interfaz UI Floodlight - Topology #3*

Esta nueva topología a diferencia de la anterior no especifica una topología de red especifica, por lo cual inicia una topología básica con un solo switch y dos hosts, también podemos intentar hacer una prueba de conectividad

```
$ h1 ping h2
```

```
mininet> h1 ping h2
PING 10.0.0.2 (10.0.0.2) 56(84) bytes of data.
64 bytes from 10.0.0.2: icmp_seq=1 ttl=64 time=1.39 ms
64 bytes from 10.0.0.2: icmp_seq=2 ttl=64 time=0.111 ms
64 bytes from 10.0.0.2: icmp_seq=3 ttl=64 time=0.026 ms
64 bytes from 10.0.0.2: icmp_seq=4 ttl=64 time=0.030 ms
```

Figura 45. *Test de Paquetes #3*

Como podemos ver también se efectúa de manera correcta la conectividad, e incluso también es capaz de hacerse manera inversa, con el comando.

```
$ h2 ping h1
```

```
mininet> h2 ping h1
PING 10.0.0.1 (10.0.0.1) 56(84) bytes of data.
64 bytes from 10.0.0.1: icmp_seq=1 ttl=64 time=0.021 ms
64 bytes from 10.0.0.1: icmp_seq=2 ttl=64 time=0.030 ms
64 bytes from 10.0.0.1: icmp_seq=3 ttl=64 time=0.030 ms
64 bytes from 10.0.0.1: icmp_seq=4 ttl=64 time=0.026 ms
```

Figura 46. *Test de Paquetes #4*

Ahora el host *"h2"* envía paquetes de ping al host *"h1"* y esta muestra respuesta de manera satisfactoria.

CAPITULO 5

UTILIZANDO FLOODLIGHT

Ahora que se ha logrado ejecutar bien el entorno Floodlight, es posible hacer uso de las capacidades que este framework puede brindarle al usuario. Por ejemplo, a la hora de crear topologías, anteriormente se observó como a la hora de crearlas, estas se podían observar en la interfaz de usuario que Floodlight brindaba, se hará exactamente lo mismo, pero con diferentes tipos de topologías, las cuales se observaran y posteriormente se mostraran dichos resultados en la interfaz.

Anteriormente se probaba una topología basica en donde la red era simple, ya que

```
$ sudo mn --topo linear,4 --mac --controller=remote,ip=192.168.1.235,port=6653
--switch ovs,protocols=OpenFlow13
```

contaba con tres hosts y un switch, pero esta se puede ampliar, por ejemplo.

Este comando, ampliará el rango de la topología, la cual pasará de 3 a 4, lo cual podrá mostrar algo similar a lo que se puede ver a continuación.

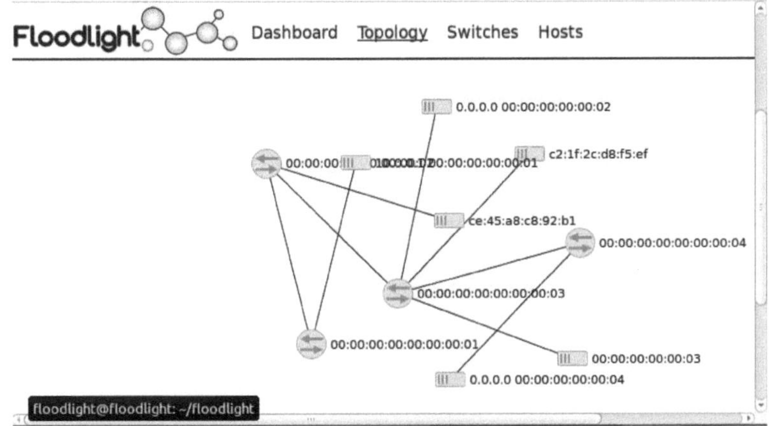

Figura 47. Interfaz UI Floodlight - Topology #3

Como se puede observar en esta topología, existe un switch central y tres hosts
conectado a él, a diferencia de él anterior donde se vieron tres hosts y un switch, el
cual este no estaba centralizado.

Ahora, nuevamente se hará un incremento para observar que puede pasar con la
topología, para esto se requerirá subir una vez más el valor de la topología en el

```
$ sudo mn --topo linear,5 --mac --controller=remote,ip=192.168.1.235,port=6653
--switch ovs,protocols=OpenFlow13
```

comando como se muestra a continuación.

Después de haber escrito el comando, se dirigirán al entorno Floodlight una vez más

y en el apartado de topología podrán observar lo siguiente:

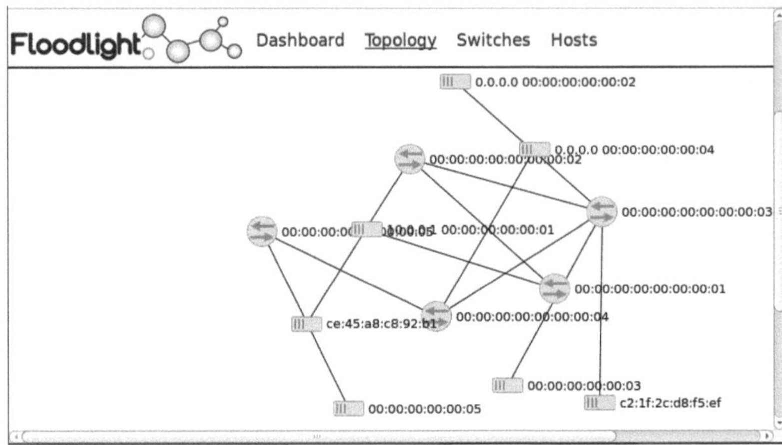

Figura 48. Interfaz UI Floodlight - Topology #4

En esta Topología, se procede a incrementar el valor ahora de 4 a 5, y se puede observar como se tiene cinco switches y cuatro hosts, donde cada host está conectado a un switch diferente.

También es posible crear y visualizar topologías de tipo árbol, para esto escribimos el siguiente comando.

```
sudo mn —topo tree, depth=2,fanout=2 —mac —controller=remote,ip=192.168.1.235,port=6653
—switch ovs,protocols=OpenFlow13
```

Después de haber escrito el comando, nuevamente se dirigirán al entorno Floodlight en la sección de topología y se verán lo siguiente:

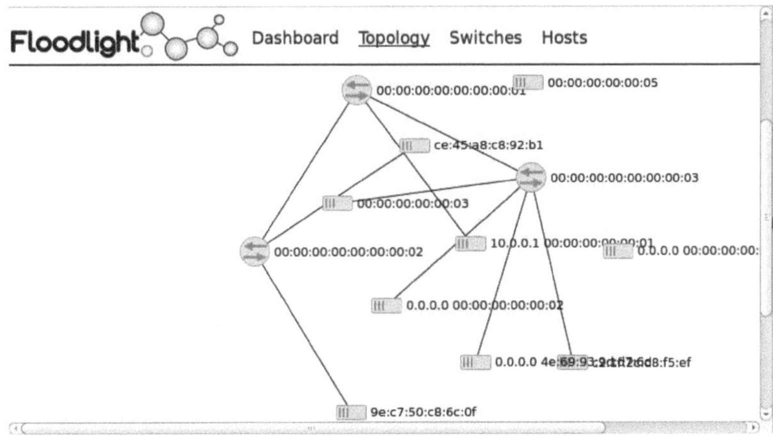

Figura 49. *Interfaz UI Floodlight - Topology #5*

Aquí se puede observar la topología anteriormente creada, la cual consta de un switch raíz y cuatro switches secundarios, cada uno con un host conectado.

Ya se ha visto cómo se pueden crear topologías lineales y de árboles, pero también es posible crear topologías personalizadas, y para esto es necesario tener en cuenta que para crearla es necesario tener un archivo Python con las especificaciones de la topología. Por ejemplo.

Tenemos el siguiente código.

```python
from mininet.topo import Topo

class MyTopology(Topo):
    def __init__(self):
        Topo.__init__(self)

        # Agregar switches
        switch1 = self.addSwitch('s1')
        switch2 = self.addSwitch('s2')

        # Agregar hosts
        host1 = self.addHost('h1')
        host2 = self.addHost('h2')

        # Conectar switches y hosts
        self.addLink(host1, switch1)
        self.addLink(host2, switch2)
        self.addLink(switch1, switch2)

topos = {'mytopo': (lambda: MyTopology())}
```

En este código se puede observar que se está creando una topología básica como las que se vieron anteriormente y esto se puede evidenciar por el numero pequeño de switches y hosts que tiene este código. Una vez escrito el código se tendrá que guardar como archivo *".py"*, esto se debe a que es un código Python ya que Mininet únicamente acepta el lenguaje Python.

El nombre que se le colocará al archivo puede ser cualquiera mientras termine en *".py"*, luego de esto se guardará en la carpeta de Floodlight, la cual se podrá encontrar en el siguiente apartado.

Figura 50. *Applications - Floodlight*

Luego de entrar a *"Accessories"*, se procede a ir al apartado de *"Files"*.

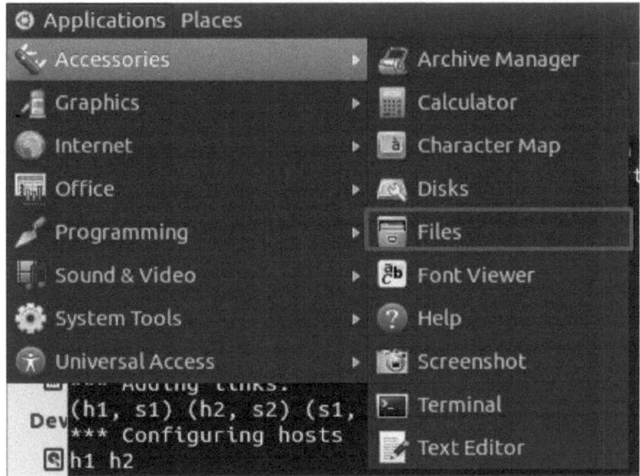

Figura 51. *Caja de Opciones Floodlight (Files)*

Una vez que presionamos el apartado de *"Files"*, se abrirá una ventana como la que se ve a continuación.

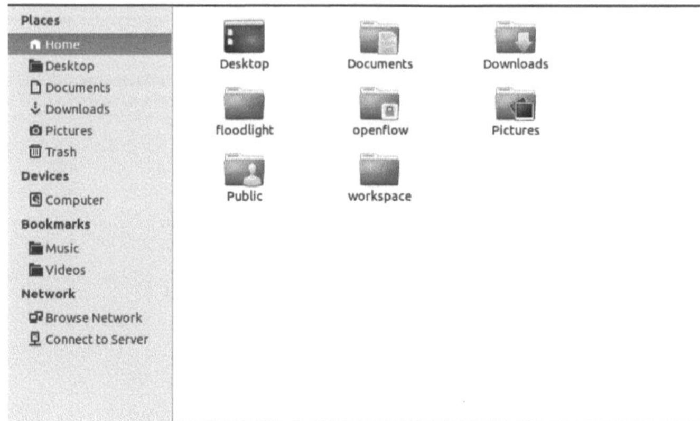

Figura 52. Administrador de Tareas - Floodlight

Adentro de este apartado se podrá encontrar la carpeta Floodlight en donde se guardará el archivo para posteriormente ejecutarse, en este caso el archivo se llamó *"mytopo.py"* y en la terminal se escribirá el siguiente comando:

```
sudo mn --custom mytopo.py --topo mytopo --mac --controller=remote,
ip=192.168.1.235,port=6653 --switch ovs,protocols=OpenFlow13
```

Este comando, carga la topologia definida en el archivo creado *"mytopo.py"* y la utiliza para crear la red en Mininet, como resultado se obtendrá lo siguiente:

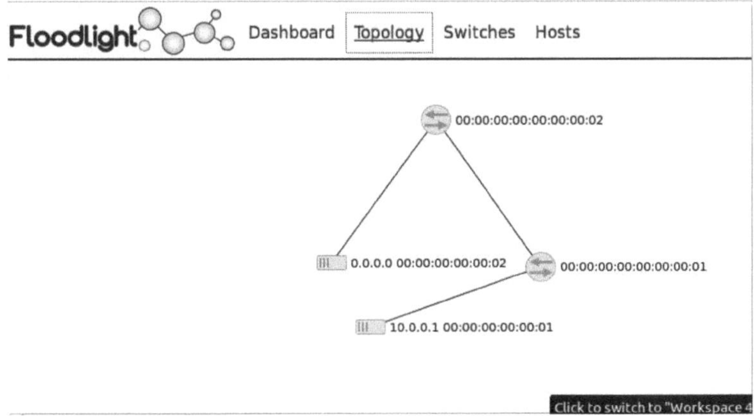

Figura 53. Interfaz UI Floodlight - Topology #6

Con esto se habrá creado la topologia personalizada donde cada host está conectado a su switch de acuerdo con la configuración hecha en el código Python.

También es posible personalizar los enlaces, para esto se hará el siguiente ejercicio.

- Se creará una topología con cuatro switches y cinco hosts donde algunos enlaces tienen ancho de banda limitado y otros tienen latencia agregada.

Para esto será necesario crear una topologia con enlaces personalizados en Mininet, se utilizará el comando *"—link"* para especificar algunas de las

```
sudo mn --topo linear,4 --link tc,bw=10 --link tc,delay=5ms --link tc,bw=20 --link
tc,delay=10ms
```

características de los enlaces entre los nodos. Se hará escribiendo el siguiente comando.

Después de haber escrito el comando, nuevamente se dirigirán al entorno Floodlight en la sección de topología y se verán lo siguiente:

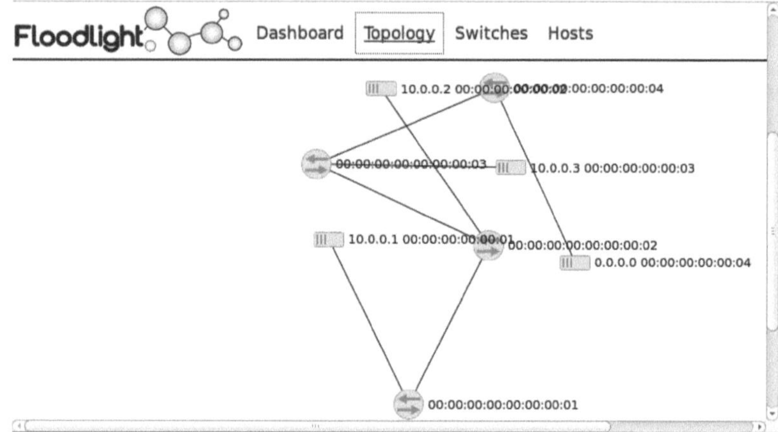

Figura 54. *Interfaz UI Floodlight - Topology #7*

Se puede comprobar si funciono haciendo una prueba de paquetes y esto se puede hacer entre los diferentes hosts que se tienen, como se puede ver a continuación.

```
PING 10.0.0.4 (10.0.0.4) 56(84) bytes of data.
64 bytes from 10.0.0.4: icmp_seq=1 ttl=64 time=107 ms
64 bytes from 10.0.0.4: icmp_seq=2 ttl=64 time=104 ms
64 bytes from 10.0.0.4: icmp_seq=3 ttl=64 time=111 ms
64 bytes from 10.0.0.4: icmp_seq=4 ttl=64 time=103 ms
64 bytes from 10.0.0.4: icmp_seq=5 ttl=64 time=104 ms
64 bytes from 10.0.0.4: icmp_seq=6 ttl=64 time=106 ms
64 bytes from 10.0.0.4: icmp_seq=7 ttl=64 time=103 ms
^C
--- 10.0.0.4 ping statistics ---
7 packets transmitted, 7 received, 0% packet loss, time 6011ms
rtt min/avg/max/mdev = 103.649/105.999/111.048/2.553 ms
mininet> h2 ping h3
PING 10.0.0.3 (10.0.0.3) 56(84) bytes of data.
64 bytes from 10.0.0.3: icmp_seq=1 ttl=64 time=64.3 ms
64 bytes from 10.0.0.3: icmp_seq=2 ttl=64 time=62.8 ms
64 bytes from 10.0.0.3: icmp_seq=3 ttl=64 time=62.2 ms
64 bytes from 10.0.0.3: icmp_seq=4 ttl=64 time=60.7 ms
64 bytes from 10.0.0.3: icmp_seq=5 ttl=64 time=66.8 ms
64 bytes from 10.0.0.3: icmp_seq=6 ttl=64 time=60.6 ms
64 bytes from 10.0.0.3: icmp_seq=7 ttl=64 time=62.2 ms
^K64 bytes from 10.0.0.3: icmp_seq=8 ttl=64 time=61.1 ms
^C
--- 10.0.0.3 ping statistics ---
```

Figura 55. *Test de Paquetes #5*

Con esto se da por finalizado todo el trayecto de la utilización del controlador Floodlight. A lo largo de todo este trayecto, se ha explorado en profundidad el fascinante mundo de las Redes Definidas por Software (SDN) y su implementación mediante el controlador Floodlight. Se ha podido ver también cómo SDN representa un cambio de paradigma en la gestión y arquitectura de redes, ofreciendo una mayor flexibilidad, escalabilidad y control centralizado.

El controlador Floodlight, como plataforma de código abierto, brinda una ventana práctica a este enfoque revolucionario. Mediante su instalación y configuración en un entorno virtual, se ha podido experimentar de primera mano las capacidades de SDN y su potencial para simplificar y optimizar la administración de redes.

Las máquinas virtuales han desempeñado un papel crucial en este proceso, al proporcionar un entorno aislado y flexible para experimentar y desarrollar soluciones SDN sin poner en riesgo la infraestructura de red existente. La sinergia entre SDN y la virtualización ha demostrado ser una combinación poderosa para impulsar la innovación y la agilidad en el mundo de las redes.

A medida que se avanzaba hacia un futuro cada vez más conectado y dependiente de las redes, SDN y herramientas como Floodlight se posicionan como piedras angulares para enfrentar los desafíos y aprovechar las oportunidades que se presentan. La capacidad de programar y controlar de manera centralizada el comportamiento de la red permitirá a las organizaciones adaptarse rápidamente a los cambios en los requisitos y demandas, optimizando así el rendimiento y la eficiencia de sus infraestructuras de red.

Referencias

Shaghaghi, A., Kaafar, M. A., Buyya, R., & Jha, S. (2020). Software-defined network (SDN) data plane security: issues, solutions, and future directions. Handbook of Computer Networks and Cyber Security: Principles and Paradigms, 341-387.

Jiang, X., Xu, X., Zhang, J., Shen, F., Cao, Z., & Shen, H. T. (2022). Sdn: Semantic decoupling network for temporal language grounding. IEEE Transactions on Neural Networks and Learning Systems.

Alotaibi, H. S., Gregory, M. A., & Li, S. (2022). Multidomain sdn-based gateways and border gateway protocol. Journal of Computer Networks and Communications, 2022.

Jimenez, M. B., Fernandez, D., Rivadeneira, J. E., Bellido, L., & Cardenas, A. (2021). A survey of the main security issues and solutions for the SDN architecture. IEEE Access, 9, 122016-122038.

Wazirali, R., Ahmad, R., & Alhiyari, S. (2021). SDN-openflow topology discovery: an overview of performance issues. Applied Sciences, 11(15), 6999.

Pei, J., Hong, P., Xue, K., Li, D., Wei, D. S., & Wu, F. (2020). Two-phase virtual network function selection and chaining algorithm based on deep learning in SDN/NFV-enabled networks. IEEE Journal on Selected Areas in Communications, 38(6), 1102-1117.

Das, T., & Gurusamy, M. (2021). Multi-objective control plane dimensioning in hybrid SDN/legacy networks. IEEE Transactions on Network and Service Management, 18(3), 2929-2942.

Wazirali, R., Ahmad, R., & Alhiyari, S. (2021). SDN-openflow topology discovery: an overview of performance issues. Applied Sciences, 11(15), 6999.

Dias, A. H., Correia, L. H., & Malheiros, N. (2021). A systematic literature review on virtual machine consolidation. ACM Computing Surveys (CSUR), 54(8), 1-38.Dias,

A. H., Correia, L. H., & Malheiros, N. (2021). A systematic literature review on virtual machine consolidation. ACM Computing Surveys (CSUR), 54(8), 1-38.

Yang, Z., & Yeung, K. L. (2020). Flow monitoring scheme design in SDN. Computer Networks, 167, 107007.

Yoo, Y., Yang, G., Lee, J., Shin, C., Kim, H., & Yoo, C. (2022). TeaVisor: network hypervisor for bandwidth isolation in SDN-NV. IEEE Transactions on Cloud Computing.

Aryan, R., Yazidi, A., Brattensborg, F., Kure, Ø., & Engelstad, P. E. (2022). SDN Spotlight: A real-time OpenFlow troubleshooting framework. Future Generation Computer Systems, 133, 364-377.

Qu, K., Zhuang, W., Ye, Q., Shen, X., Li, X., & Rao, J. (2020). Dynamic flow migration for embedded services in SDN/NFV-enabled 5G core networks. IEEE Transactions on Communications, 68(4), 2394-2408.

Umar, R., Riadi, I., & Kusuma, R. S. (2021). Mitigating sodinokibi ransomware attack on cloud network using software-defined networking (SDN). International Journal of Safety and Security Engineering, 11(3), 239-246.

Hamdan, M., Hassan, E., Abdelaziz, A., Elhigazi, A., Mohammed, B., Khan, S., ... & Marsono, M. N. (2021). A comprehensive survey of load balancing techniques in software-defined network. Journal of Network and Computer Applications, 174, 102856.

Links.

https://github.com/floodlight/floodlight

https://www.researchgate.net/figure/Internal-architecture-of-the-Floodlight-controller-and-its-interfaces_fig12_319385426

https://www.researchgate.net/figure/Floodlight-SDN-controller-architecture-Further-f-Forwarding-It-is-forwarding_fig1_323057223

https://www.sdxcentral.com/networking/sdn/definitions/what-the-definition-of-software-defined-networking-sdn/what-is-sdn-controller/openflow-controller/what-is-floodlight-controller/

https://www.telefonicaempresas.es/grandes-empresas/blog/sdn-en-las-redes-el-origen-de-una-transformacion/

https://dialnet.unirioja.es/descarga/articulo/4897871.pdf

https://alb3rtoalonso.com/2021/03/18/sdn-nfv-openflow-innovacion-en-las-redes/

https://www.computerweekly.com/es/definicion/OpenFlow

https://opennetworking.org/mininet/

https://www.sdxcentral.com/networking/sdn/definitions/what-the-definition-of-software-defined-networking-sdn/what-is-sdn-controller/openflow-controller/what-is-floodlight-controller/

https://floodlight.atlassian.net/wiki/spaces/floodlightcontroller/pages/1343544/Installation+Guide#InstallationGuide-Installation

Buy your books fast and straightforward online - at one of world's fastest growing online book stores! Environmentally sound due to Print-on-Demand technologies.

Buy your books online at
www.morebooks.shop

¡Compre sus libros rápido y directo en internet, en una de las librerías en línea con mayor crecimiento en el mundo! Producción que protege el medio ambiente a través de las tecnologías de impresión bajo demanda.

Compre sus libros online en
www.morebooks.shop

Printed by Books on Demand GmbH, Norderstedt / Germany